把話說進你心裡

Before You Speak

Principles That Save Your Relationship

非文學類暢銷作家

王擎天／著

無人肯聽，再好的思想也失去意義，

所以說話的藝術不在多話，而在精。

精，就是知道何時何地可以說、怎麼說、說得聽眾心悅臣服，

總結於二字──**「動聽」**。話說得動聽，是凝鍊的人生智慧。

序

話說得動聽，是贏得人心的關鍵。

《易・艮掛》六五爻辭寫道：「艮其輔，言有序，悔亡。」

我時常聽人感嘆「說話」真難，但是說話究竟怎樣地難呢？張口閉口，就連黃毛小兒也能咿咿呀呀地說完一句話，哼哧兩聲即能表達己意。看到這裡，多數人肯定急著表示，說話難，是難在說得圓融，難在讓出口的話人人愛聽，難在該如何能夠讓我們藉由說話，達到趨吉避凶的目的。正如同《易・艮卦》的六五爻辭所言，開口言語理應適可而止，了解什麼該說，什麼不該說，就不會有悔恨的事情發生。想當一個懂得說話的人，要修習的是能夠區分「什麼該說」與「什麼不該說」的思辨力。

所以我喜以功夫來譬喻說話之道，甫入門時修習招式劍術，劍術已成之後，即是修心。而此時的說話之道，已非表面功夫，而是做人之道，是待人處世的智慧。

本書就如說話藝術，剪去繁複的枝微末節，將「話說進心裡」的精妙奧義化繁為簡，直見待人處世的核心根源。換句話說，藉由輕鬆愉悅地梳理人際間的交流互動，來觀照自己的人生，咀嚼生命的韻味。

因此，我從人際相處時較常出現的情境著手，淺談為什麼你說的話人們不愛聽，並且將你視為避之唯恐不及的魯莽之徒，諸如〈別讓你的幽默傷了人〉、〈客套話得說，但多說無益〉等等，協助你看破自身心態上的盲點，讓聽眾的注意力聚焦，提升個人魅力。然後告訴你該如何將話說到心坎上，不再以真心換絕情，像是〈以沉默營造懸疑感，讓對方心癢難耐〉，鎖定打動人心的重要關鍵。最後揪出人們慣用的十句口頭禪，杜絕日常生活中人們時常遇到的「說者無意，聽者有心」之窘境，並告訴你哪十句正向的用詞遣句，可以轉而讓聽眾將你放在他的心頭。

簡言之，閱覽《把話說進你心裡》是趟將陌生人變成朋友，朋友成為知己的旅程。而掩卷沉思時，你會發現在說跟聽之間，就是人生，話說得動聽，人生圓滿。

第1章 為什麼你的字字珠璣會成為對方的耳邊風？

第2章

話說到心坎上，一見如故的好感難以抵擋！

第3章 這麼開口絕對OUT！

第4章

一分鐘超進展！火速提高你的地位。

第1章

為什麼你的字字珠璣會成為對方的耳邊風？

你的説話態度，決定對方的聆聽態度，因此當你發現聽眾心不在焉時，就是時候檢視自己對談時的心理狀態。

Situation **1**

閉嘴吧，魅力主角就會是你

人不僅需要站起來說話的勇氣，也需要坐下來傾聽的勇氣。

——溫斯頓．邱吉爾

古希臘哲學家蘇格拉底非常擅長辯論與演說，因此當時有不少年輕人都會向他請教公眾演說的技巧。一日，一名上門請教的年輕人為了展現自己的實力，甫站定於蘇格拉底面前，就開始滔滔不絕。

望著說得口沫橫飛的年輕人，蘇格拉底不發一語，等他好不容易安靜下來之後，蘇格拉底才開口說道：「我可以教導你如何演講，但是你必須繳交雙倍的學費給我。」

年輕人驚呼道：「為什麼我反而得付加倍的學費呢！」

蘇格拉底緩緩地說：「因為我得教你

兩門課程。一門，是怎麼學會閉嘴，另一門才是如何演講。」

年輕人聽完蘇格拉底的話，羞愧地低下頭。

何謂功夫？功夫，即是人的成就，是指人們經過刻苦鍛鍊而獲得的技藝，它要求一個人無限地重複單調的基礎功，它必定需要歲月的積累。最終，功夫已成之人會將習得的所有招式化繁為簡，因為他深知世間招式千百種，但唯有深諳其道，才能變化於無窮，應萬變。我始終相信，說話就是門功夫，花招百出卻不中的，多說無益。

那麼，說話的基礎功從何而得？關鍵在於相反的「聽」字，不懂得聽，話無從說起。因此蘇格拉底的「閉嘴」二字用得實在是大快人心啊，學著閉嘴，不僅是讓這名年輕人停止說話而已，而是停止說話的同時，聽對方說。

傾聽的目的是為了讓我們開口時能一語中的，不說廢話且句句到位，從而得到聽眾的欽佩與賞識。換句話說，就是透過傾聽來收集有效的資訊，洞悉對方的心理需求，把話說進他的心裡。屆時，學會閉嘴這門課的人才會是眾人的目光焦點。

然而，為什麼人人皆知傾聽的重要性，卻仍然易陷入「健談」的情境，沒有意識到聽眾根本不把自己的話當一回事，以及他們不耐煩的神情與渙散的目光？究其原因，是來自以下幾個盲點：

1 你忘記換位思考

換位思考，其實就是設身處地去理解他人的思考模式，是為人處事再基本不過的準則了。在十九世紀，穿戴高聳的帽子蔚為潮流，維也納婦女們即使是進了劇場，也不願輕易將帽子脫下，時常擋住後排觀眾的視線。接到許多抱怨的劇場經理無可奈何，只好事前站上舞臺，請女性觀眾們脫帽，但是一時半會兒都無人動作。於是，經理想了想，再說道：「好吧，那我們就不勉強年紀較長的女士們脫帽了。」語音甫落，全劇場的女士們都已將帽子脫下。

這段小故事裡的劇場經理即時地站在女士們的角度思考，去理解她們「堅持戴帽」的行為，去傾聽這個行為背後的潛台詞——我是位時髦、走在流行尖端的女人。於是乎劇場經理後面道出這句與時髦背道而馳的話語，就能進而影響女士們的舉止。

所以與其一味地想將訊息拋給聽眾，不如先去想想對方希望聽到什麼；放下以「我」為本位的思考模式，轉而將「你」放在心上。只要心態改變，你會發現，聽眾跟你之間便有了更多的連結。

2 你對與己無關的事情漠不關心

其實這是人類的天性，絕大多數的人們只會對與己相關的事情投以注意力，因此在交談過程中，腦海裡盤繞的皆是「等等我要說些什麼」、「我要分享昨天發生的那件事情」之類的念想。此時的人們就是活在自己的世界裡，所以對外來訊息（除了聽眾的言談內容之外，還包括他們的語氣、神情舉止與感受）的敏銳度降低也不足為奇。

到目前為止，我都在替你找理由，所以你也可以理直氣壯地說：「既然關注自己是人的天性，那麼就不能怪我不善傾聽啊。」但這就是，在一場對話中你是魅力主角，還是注定只能當配角的差別了。請你換個角度想，既然人們都習於專注自己的需求，你一心一意地想談論自己的事情時，對方是不是也正這麼想呢？

這樣你就不難理解讓出話語權的重要性了吧？對方自顧講自個兒的事時，你會不耐煩地想著「他究竟要講到什麼時候」，相對的，當你說得口沫橫飛時，在他人的眼中就將失去光彩。切莫忘記，他人也有成為全場焦點的虛榮。縱使你有諸多想法，先耐住性子聽對方說，並且適切地給予回應，忍著點，只要你將「對方有分享的需要，被傾聽的渴望」記心上，他人會回以同樣的心意。

3 你過於在乎他人對你的評價

你的自我評價過低，導致潛意識裡擔心沒有人願意聽你說話，所以一抓到機會就滔滔不絕地講，窮盡心思地吸引眾人的注意力。

老子云：「良賈深藏若虛，君子盛德容貌若愚。」意即有真才實學的人不露鋒芒，收其銳氣，因為他知道大樹若臨風搖擺，就時時有被吹折的風險。一個真正有自信的人，他的力量源於內在，他不會仰賴他人的評價而活；反之，一個自信心不足的人，則必須藉由他人的關注來彰顯自己的重要性。結果後者因為汲汲營營地渴求表現，他說的話反而成為聽眾耳裡的絮絮叨叨，落得評價更低的下場。

所以，請你把追求聚光燈的精力拿來充實自己，你會發現，你並不需要刻意去追求眾人的目光，人們自然而然就會想靠近你，你也才有機會對他人產生一絲的影響，那就是無法取代的人生價值。

我曾經參加一場聚會，席間，一名友人興致勃勃地提及自己初訪義大利回國。另一位同學聽了，立刻搶過話頭說道：「義大利我去過好幾回，你知道他們那兒啊……」開啟話題的友人臉拉得如馬長，原先的熱情就這麼被澆熄。同樣的狀況接連發生好幾次，日後這名友人跟這位同學的關係也越來越疏遠。

你必須破除「能夠滔滔不絕地講才稱得上有口說魅力」的迷思與焦慮，妥善運用「傾聽」，為你的言語增添個人風味，最後調配出你和人們互動的黃金比例。正如同蘇格拉底告訴年輕人的「閉嘴」，留點空間給對方發揮，別因為「說」而切斷彼此的交流機會。你的傾聽力，才是對方願意繼續對話的重要關鍵。

Situation 2

你不懂得閱讀空氣

細心地觀察，為的是理解；努力地理解，為的是行動。

——羅曼．羅蘭

老林任職的公司正在籌備盛大的週年慶活動，眼看活動日期逐漸逼近，擔任此次活動統籌的老林決定再次召開部門會議，了解籌備進度。

當天下午會議進行時，老林一臉嚴肅地問道：「距離活動日期只剩一個星期，老闆很重視這次的週年慶，諸位目前的準備工作進行得如何？應該沒問題吧？」

部屬佳佳立刻回應：「廠商的突發狀況已經解決，我會再定期跟他們確認。」

老林點了點頭後，憂心地將目光移向另一名部屬小惠，問道：「小惠，你上次彙報時說，配合演出的團體臨陣退出，節目還能如期進行嗎？」

小惠直率地說：「您放心啦！到時候的節目絕無『冷藏』！」語畢，小惠自個兒開始哈哈大笑。佳佳不安地瞄了主管老林一眼，果不其然，老林立刻皺著眉頭反問道：「冷藏？」

小惠回應：「就是冷場啊！」

氣氛頓時降至冰點。老林沉著臉問道：「所以事情究竟解決了沒？」一旁的佳佳都不禁替小惠捏了把冷汗。

在這個社會裡，像小惠這樣不會看場合、不會看人臉色說話、不懂得「閱讀空氣」的人還真不少。「不懂得閱讀空氣」源自於日語「空気読めない」一詞，為字面直譯。因為空氣對人類而言雖難以察覺，但人們還是能透過敏銳的感知，體會到空氣的變化，於是閱讀空氣，就有察言觀色、抓住現場氛圍的意涵。

我猜想，案例裡的佳佳平日肯定盡量避免跟小惠同處於一個場合，因為小惠這種粗線條的個性，極有可能隨時害身旁的人掃到颱風尾，而這也是為什麼人人對說話白目的人避之唯恐不及。畢竟人的本能是趨吉避凶，多一事不如少一事啊。

這種因處於狀況外而說錯話的事件，在日常生活中是層出不窮。正所謂，「一言興邦，一言喪邦。」抱持著警惕自己的心態，每當我遇到這類人，總忍不住琢磨他們究竟是怎麼想的，以致認為自己說出口的話合時合宜。然而我得到的結論始終不外乎下面這三種：第一，他們本意良善，但是表達方式錯了；第二，他們開口前未經思量，想到什麼即說什麼；第三，他們壓根誤解當下的氛圍，或許原想為嚴肅的場合注入輕鬆的因子，卻弄巧成拙。

可見，不想徒添是非，成為眾人心中的「白目」代表，對誰說、就什麼事情說、什麼時候說以及什麼場合說，就顯得至關重要，而以上幾點即可綜合為三個字——「怎麼說」。想知道該怎麼說，必須先培養閱讀空氣的能力。

1 請你先考慮事情的性質

以開頭的故事為例，如果小惠真想展現幽默感也並無不可，只要她擁有自己是在談公事的自覺。既然是公事，主管老林最關切的重點，她就應該率先回答。也就是，當主管老林問小惠節目是否還能如期進行，小惠可以先告知事情已經解決，請主管放心，再進一步彙報她解決的方式，最後才拍胸脯保證屆時的節目絕無「冷藏」。

緊急與嚴肅的事情，從重點開始講，你就不會成為他人眼中既魯莽又不懂得人情世故的莽夫愚婦。具有建議性質的事情，則是重點放後頭講，比方說，你覺得妻子試做的料理太鹹了，你可以先誇獎這道菜的優點，再說出自己真正想說的話：「這道菜真好吃！如果鹽再少放一點，簡直就能直接當餐廳的料理販售了！」不過男女之間，這種「建議」其實還是少提為妙啊。

2 你的話是對誰說？

你的聽眾是誰，決定你該怎麼說。剛從大學畢業的阿成準備找工作，他的專業是資訊工程，喜好則是音樂創作，因此他在撰寫履歷時，必定會依照職業的性質撰寫不同的內容。倘若投遞給唱片公司的履歷裡，他只寫明資訊工程相關的經歷，投遞給科技公司的履歷裡，則是附上各式各樣的樂曲Demo，那對收到履歷的兩家公司而言，阿成自然一點吸引力都沒有。同理可證，你說話時，也要想到你的「受眾是誰」。對穿同一條褲子長大的老朋友，你能以一句「屁啦」反駁他的言論，但你不會這麼對父母說話；將對待帝王將相的說話態度用在販夫走卒身上，恐怕對方只會認為你裝模作樣。因此，說話前請先看人，當你想要傳達一件事情時，你該西莊筆挺地說，還是身穿一件夾克親民地說？一旦弄反，你可就落得萬人嫌萬人厭了。

3 有些話，只有特定的時間與場合能說

在一位長輩的壽宴上，大夥兒熱鬧地玩起行酒令，每個人輪流以「壽」字造一詞。有人造「壽比南山」，有人造「福壽無疆」，有人造「喬松之壽」，終於輪到了阿翔，酒酣耳熱的阿翔高聲喊道：「夭壽！」

壽星的臉色立刻沉下來。

就如農曆年期間，長輩總會特別叮嚀孩童不得提及「死」字，因為那是一年的尾聲與新年的開端，負面的字眼都顯得晦氣。我們平日說話也是同樣的道理，當眾人神情凝重時，你沒頭沒腦地就蹦出一個笑話；當親朋好友興奮地討論將到何處旅

行時，你劈頭就說當地曾經發生死傷；主管收拾好東西準備下班時，你卻突然攔住他討論一份企劃。難怪你的笑話無人笑得出來，無人願意與你分享喜悅，負責的專案總是一波三折了。

不知道該從何培養閱讀空氣的能力，你可以針對前述的三方面著手。久而久之，你不僅是能夠三思而後言，更是明察秋毫（諸如聽眾的神情變化、心態轉變都看在眼底），能夠及時改善自己的說話方式，把話說得周全，不再是人們急於閃避的冒失鬼。

Situation 3

牛頭不對馬嘴的答覆讓人急得跳腳

人的大腦就像胃腸，重要的不是你放進去多少，而是你消化了多少。

——班傑明．迪斯雷利

即將高中畢業的小宇接到日本早稻田大學的面試通知，他感到相當興奮，不僅因為早稻田大學是他的第一志願，這還是他第一次以跨國視訊進行面試。面試當日，主考官問道：「您在社團裡的表現如何？」

正襟危坐的小宇緊盯著眼前的視訊螢幕回答：「我們學校裡總共有五十個社團，而我一年級時是參加劍道社、二年級時是參加柔道社，本校的劍道社獲獎無數，定期都會參加全國……」

主考官越聽越混亂，心想：「奇怪，我一開始不是問這個問題啊？」

即便我能夠理解小宇是慌了手腳才導致如此表現，但我若是主考官，小宇文不對題的回覆，肯定會被我大大扣分，畢竟站在聽眾的角度，這種無法得到切題回覆的狀況實在太令人沮喪。然而日常生活中，雷同的情況卻屢見不鮮。

假設每次向某個人提問，獲得的只有這般沮喪感，那麼我相信多數人都會漸漸減少向此人提問吧，何必自討苦吃呢？所以反過來說，當你說話牛頭不對馬嘴時，你的個人魅力也就以迅雷不及掩耳的速度垂直下降了。

要知道，人們在做判斷時，皆是根據自身的經驗與成長背景等因素；而這些複雜的成因造就彼此迥異的思考模式，因此交談的過程中有所摩擦也不足為奇。可惜的是，人們很少有這點自覺，多數人往往選擇與對方辯得臉紅脖子粗，甘願讓烏煙瘴氣的爭執充斥自己的生活。其實人生何必活得如此疲憊？只要你即時改善以下心態，就能互通彼此的心意，擁有一場美妙動聽的對談。

1 「有話不直說」造成的理解鴻溝

安琪拉是個已簽約的言情小說家，她必須定期交出一本書給出版社，為了減少工作的負荷量，安琪拉決定聘僱一位專門替她寫企劃案的助手。一日，莎拉前來應徵此份工作。安琪拉劈頭就問：「你會寫書籍的企劃案嗎？」

莎拉說道：「我大學時是雙主修文學。」

安琪拉不明所以地說道：「我知道，你的履歷裡寫得很清楚。所以，你會寫企劃案嗎？」

莎拉心想，我都已經說得這麼明白，你怎麼就聽不懂呢？於是她不耐煩地再說道：「我具備寫作的基本素養。」

安琪拉的火也上來了，她不友善地問：「你就不能直接回答我，你究竟是寫過企劃案，還是沒寫過企劃案嗎？」結果這一場面試自然是不歡而散。

從莎拉的思考模式來看，她顯然是認為自己的回答已經包含幾個意旨：書寫是文學系的基礎技能，企劃案是眾多的書寫類型之一，所以雙主修文學的我會寫企劃案。因此莎拉並不覺得自己的回應偏離主題，而是安琪拉的腦筋轉不過來。

但是我前面也說過，每個人是獨立的個體，有各自不同的思考模式，一個人認為理所當然的邏輯，對另一個人而言，兩個論點之間並非有必然的關係。對安琪拉來說，她沒唸過文學系，並不熟悉文學系的課程內容，難道一個雙主修文學系的人就必定會寫書籍的企劃案嗎？所以安琪拉聽到莎拉的回答時，只會覺得莎拉答非所問，而不會立即理解到這句毫無關係的回答，其實隱藏了另一層意涵。

請別期望對方能讀懂你的「言外之意」，訓練自己「有話直說」，針對「是否」或「會不會」的問題時明確回答，就能避免過於婉轉而被他人認為是牛頭不對馬嘴的狀況。

2 對方的問題你有聽沒有懂

接線員接到一通報案電話，報案人語無倫次地大喊：「失火了！失火了！」

接線員機警地問：「先生，在哪裡？」

報案人說：「在我家啊！」

接線員焦急地問：「我是問哪兒失火了？」

報案人說：「我家廚房！」

接線員耐住性子問：「但我們要怎麼到你家呢？」

報案人一愣，說道：「你們不是有消防車嗎？」

這則笑話點出人與人對談時易因「沒聽懂對方的問題」而產生誤解。很多時候，你的答非所問是源於你誤讀對方的意思，或是沒有抓到問句背後的重點。現實生活中，我們不可能央求每一個人都能清楚地表達自己的問題，一定會遇到提問者的問法不精準的時候，例如：他期望得到答案甲，卻以絕對會得到答案乙的方式進行提問而不自覺。此時我們能做的，就是儘量提高自己的解讀能力。增進解讀能力的方式不外乎多觀察，綜合多方面的資訊再做判斷；針對單一對象時，不妨客氣地詢問他：「您是指……嗎？」確認後再回答，就能降低文不對題的機率。當你對他的思維模式熟門熟路了之後，你不必反問，就能準確地回應。

別擔心對方會對你的提問感到不耐煩，這種不適感忍忍就過，但若你抓不到重點卻沒有適時地向對方確認，誤解的雪球越滾越大，那才麻煩啊！

3 冗長瑣碎回覆，讓人聽不到重點

你希望聽眾能確實理解你的言談內容，致使此次對談能有好的結果，所以你不知不覺地將自己的想法講解得過於詳細，成為老太婆的裹腳布。相較於第一種有話不直說的情形，此種事事交代的回覆是過猶不及，如同長篇累牘的文章，時常是說了等同沒說。一旦他人無法理解重點何在，即便你的回覆再切題也無用。

因此，給予回覆時應掌握簡明扼要的原則。換句話說，請你相信你的聽眾，解釋必須適可而止。當你正面應答後，對方還是有疑問，那麼再進一步說明。畢竟冗長的回應易使聽眾的注意力渙散，如果他因此忘記你的言論重點，豈不可惜？

最後要特別提醒大家的是，我時常遇到人們因擔心他人不理解自己的答案，而不斷逼問對方：「這樣說你懂嗎？你聽得懂我的意思嗎？」結果即使準確地回覆問題，卻造成聽眾的反感，導致個人魅力盡失。相信你的聽眾，別把他們當傻子。如果你發現自己必須不斷反問對方能不能理解你的話時，反而就是你該自省表達方式是否有誤的時候了，否則你怎麼會如此擔心呢？

經過以上調整，牛頭不對馬嘴的情況就會慢慢減少，若還是有聽眾老是急得跳腳，請你多多關心他吧，大概是生活裡的各方面壓力逼得他瀕臨崩潰邊緣了。

Situation 4

聊不下去的話題，就算了吧

如果你過分珍愛自己的羽毛，不使它受一點損傷，那麼你將失去兩隻翅膀，永遠無法凌空飛翔。

——珀西．雪萊

小琪想將阿樺介紹給單身的好姊妹曉曉認識，於是三人約在餐廳見面。途中，小琪離席去洗手間，留下阿樺跟曉曉兩人單獨相處。貼心的阿樺率先打破沉默說，「我最近在學習栽培蘭花。」

曉曉感興趣地問：「你為什麼會想栽培蘭花呢？」

阿樺熱切地說：「因為我覺得蘭花是很優雅的植物，你喜歡花嗎？」

曉曉羞赧地回應：「說實話，我並不像一般女孩子那麼喜歡花耶。」

阿樺一愣，但仍硬著頭皮繼續說：「這樣啊，我之所以喜歡花，是因為孔子曾說過：『芝蘭生於深谷，不以無人而不芳；君子修道立德，不為困窮而改節。』蘭花可以說是花中的君子喔。不同的品種栽培的方式不盡相同，自從我開始栽種……」

聽到這裡，曉曉已經不知道神遊何處，而阿樺也是一邊談論他對蘭花的看法，一邊盼望小琪早點回來。

阿樺你振作一點啊！每次聽到這種「硬聊」的窘境，我比主角們還感難受。無論是男士追求女士或是日常生活的交際應酬，當你遇到聊不下去的話題，就要有壯士斷腕的勇氣，畢竟馬既然已死，復生之路是遙遙無期，而且從成本效益來考量，另起爐灶達到的效果肯定好多了。舉例來說，當曉曉表示自己沒特別喜歡花的時候，阿樺與其死咬著原話題不放，不如這麼反應：「出乎我意料，你真是特別的人，那麼你的嗜好跟平日的興趣是什麼呢？」

話鋒一轉，困境即迎刃而解。

當然，同樣的故事會帶給人不同的觀感，也有部分的人會責怪故事裡的曉曉是

「句點王」，他們認為曉曉如果能更努力交流的話，事情就會順利多了。但這其實是相當奇怪的邏輯。人們的性格不盡相同，所以你永遠不知道對方下一招會怎麼出，你不能因為對方接下來的路數非你所料，就責怪他使出的並非正統峨嵋武功。

在前面幾篇文章裡，我曾提及要想真正地掌控現場的對談，你必須培養自己的觀察力。而觀察力提升的你，在察覺到聽眾對當前的話題意興闌珊時，請適時放它走。道理雖然簡單，但詭異的是，人們不知怎麼地總會有股「永不放棄」的意志力，而不顧對話中斷的危機，努力地堅持下去。結果除了談話雙方彼此折磨，別無益處。這種因無法放開的執念而導致對話枯燥乏味的原由，我大致歸類為「三高」，亦即高意圖、高自尊心以及高度的不安感。

1 你的高意圖激發對方的高防備心

當你本著打探情報的意圖時（例如：對方的感情生活或工作狀況），對方自然會築起心防，並以冷淡的態度打斷你的刺探。即使你其實沒有這等心思，一旦你不停地想炒熱對方已失去興趣的話題，他便會合理揣測你別有意圖，於是為了保護自己，對方就會開始使用「是這樣啊」、「不知道耶」以及「是喔」之類的語句虛應故事。

倘若希望聽眾認真地回答你的問題，你必須先拋棄「我就是想要得到答案」的執念，讓自己回歸「我希望彼此能有良好互動」的想法。換句話說，無法立刻得到答案，就先將該話題放下，避免對方第一時間築起心之高牆，等到你們的感情升溫之後，你再繞回來即可。比起固執地問下去，這不是有效率多了嗎？

2 你的高自尊心害你無路可走

你時刻都在跟他人較勁，視交流對談為展現權力的場域，因此產生以下這種想法：「我自己開啟的話題，我自己若是講不下去，豈不沒面子？」於是場面再尷尬、再鴉雀無聲，你還是義無反顧地講下去。當你產生這種念頭時，請你冷靜地權衡，究竟是死要面子重要（通常到最後仍丟了面子），還是挽回流失的人氣為第一要務？事實上，當機立斷地轉移話題，將能顯示你擁有掌控對談的能力，而以這種遊刃有餘的態度博得聽眾欣賞之時，你自然而然就處於主導地位。

3 高度的不安全感讓你沒話找話聊

心思敏銳之人極易感到不安，當他必須跟其他人獨處時，會不自覺地持續找話題填塞，避免陷入尷尬的沈默之中。然而這種為了撫平內心焦躁而說個不停的心態，常會令人忽略聽眾的感受，不顧聽眾究竟願不願意聽他說話，結果降低對談的品質。

如果你發現自己有此心理，先放下「真尷尬，我一定得聊些什麼才行」、「跟我在一起他肯定感到無聊」的焦慮，將注意力放在周遭環境而非對方的身上，你的心就會慢慢地安定下來。這麼做還有另一個益處，你能夠進一步分享周遭環境帶給你的感受，找到誠心誠意的交流契機。人與人相處，不必刻意找話講，多數時，話說多了反而破壞感覺。

我曾經遇到這樣的一個人，他為表現自己的學識淵博，在跟女孩子見面吃飯之前做足功課，準備了三個話題。上場時，這位男士抓緊機會提起第一個話題，沒想到話才起了個頭，就被對方扯到天邊去，然而他怎麼樣都不肯放棄，在剩下的時間裡不斷地想方設法兜回原話題。可想而知，這位男士是兵敗如山倒。

堅持一個話題而不肯放棄，就像是妄想以一招半式闖江湖。倘若在交談的過程中，對手早已使出另外一招，而你不知變通地使用原招應付時，豈不陷入被對手「看破手腳」的窘境了嗎？記住，當話題後繼無力，主動轉移話題才能活絡氣氛，千萬別白費力氣將死馬當活馬醫。況且，要是因此帶給人們乏味無趣之感，或是誤以為你孤陋寡聞，那實在是得不償失啊！

Situation **5**

搶答成功並沒有獎金

我發現一個人要有風度、有尊嚴及有勇氣地面對任何問題，最大的助力來自於知道自己的立足點為何。

——威廉．福克納

一日，全球搜尋引擎巨擘Google的執行董事埃里克．施密特參加一場主題為「創新是如何發生」的座談會。

在討論會進行的過程中，施密特頻頻打斷白宮科技長梅根．史密斯的發言，甚至數度越俎代庖地回答本應由史密斯回應的問題。

最後到了問答時間，現場有人舉手向史密斯發問道：「施密特在座談的過程裡，頻繁地打斷你的談話，請問你如何看待這種無意識的性別歧視？」

對方剛講完自己的提問而已，現場的觀眾們就紛紛拍手叫好，原來觀眾們從頭到尾都將施密特的行為看在眼裡，並認為施密特強勢搶話的作為是歧視身為女性的史密斯。

諷刺的是，這名在會中提出此問題的觀眾不是別人，正是Google的自家員工，多元計畫的經理。

這則真實報導雖然著重在職場無意識的性別偏見上，但是卻也點出一個無論性別，多數人都反感的無禮言行——搶話。我這裡之所以用「搶話」，而不使用「打岔」這樣的詞彙，最主要的目的是強調「被搶」的感受。搶，即是強行奪取的意思；對談的中途搶過對方的話，即是搶過對方的話語權，具有壓過對方勢氣的效果。所以我們在質詢一個人時，藉由不停地打斷對方的話，就能削弱他的信心。然而，日常生活裡以和為貴，人們交談的目的並不是打垮彼此，而是能確切地傳達自己的心意與想法。從這個角度來看，橫加奪取一個人的話語權就完全適得其反了。一個不停地搶話的傢伙，是人人敬而遠之啊。

不過我也可以理解，人們難免會因為情緒激動或是時間寶貴，而非得打斷對方的話不可，只不過我們應該適時地回頭檢視自己，是否已經任由這種行為積久成習，導致自己的魅力喪失殆盡。

1 你認為自己比在場的人都聰明

政論節目裡時常可以見到這種情形，針對同一個議題，甲方的話尚未完全說完，乙方就一臉不耐地打岔，急著表達自己的觀點才是對的。結果因為每個人都想要展現自己的聰明才智，現場變成一群人你爭我奪，畢竟只要誰搶到發球權，誰就多一分「勝算」。這種渴望傳達自己反應快或聰明的心態，來自於一個人想要獲得與會者的認同。但多數的人往往因為無法掌握插話的技巧，反而弄巧成拙，讓任意搶話的惡霸形象遮掩住他的聰明才智。

現實生活裡，如果你真想要獲得在場人士的認同，其實你可以在以下這兩種情況下出聲：第一，當你發現對方的談話出現重複的語詞（或是鬼打牆），遲遲無法為他的話下結論時，你可以協助他抓出重點，問他「所以你的意思是……嗎」，不僅能替對方化解尷尬，你還能夠以此為踏腳石，緊接著展現自己的思辨能力；第二，當對方結束自己的陳述之後，你能以「你的話讓我想到……的觀點」來展現自己的學識淵博，假設你另有不同的看法，此時再接著提出來。

先搶或許先贏，但搶的那股狠勁會讓人失去了穩重與從容。想要在日常的對談中發揮自己的影響力，你就要剛柔並濟，使用以上技巧循序漸進地「主導」談話，眾人就會在渾然不知的情況下，接受你的領導。

2 你想要確保自己正確理解對方的話

台灣的學生較為靦腆，多數時候，你詢問他們對講課有沒有任何疑問，他們都是鴉雀無聲，甚至是盡其所能地迴避老師的目光，然而我也曾經遇過不斷接到提問的極端情況。某次的課堂上，我大概每講不到十句話，那一位認真的學生就舉手發問：「為什麼是這個意思而不是□□□？」或是：「那麼○○○又怎麼說呢？」現場的氣氛，簡直像是他每搶答一次，我就會給他加分似的。最後我真覺得有點疲憊了，只好請他有問題最後再一起提出來。

事後我了解到，這個認真的孩子只是想要確保自己完全理解課程而已，所以他並沒有意識到自己頻頻打斷我的話，造成其他學生跟我的困擾。我當然很鼓勵學生發問，但是其實很多時候，他只要再多忍耐個幾分鐘聽我把話說完，他的疑惑自然就能迎刃而解。

走出教室門外亦是一樣的道理，與長輩、長官、朋友或是戀人說話時，如果你能多具一點的耐心，等待對方的話告一個段落後，再一次發問，就不會造成對方的反感與厭煩，而你認真傾聽的表現，才能真正地為自己加分。

3 你根本不在乎對方說些什麼

某日下班，阿志與小森一同搭乘電梯，並針對時事做討論。小森說：「可是他在記者會上說的話是出於善意……」阿志突然打斷他道：「錯！你怎麼沒聽懂我剛剛說的話呢？那一席話背後隱含著完全不同的想法。」頓時，小森感到有些尷尬，之後再也沒開口說一句話。

其實，在與人交流時，人們偶爾會不自覺地如此表現。這是由於你心中已有既定的想法，你壓根不在乎對方說些什麼，也沒有耐心聽對方說，所以一旦對方開頭說的那一句話與你的觀點相左，你就會急著打斷他的話，再一次強勢地傳播自己的觀點。要是遇到性子烈的人，這種行為甚至可能演變成激烈的爭吵，結果誰也沒將你的話聽進心裡。

要跳脫先入為主的想法，你可以從練習「三思而後言」開始，在對方發言時，先思考對方言論裡的優點，接著再思考論點的缺陷，最後找出其活潑有趣之處。你會發現，即使你仍然不認同對方的觀點或是仍覺得他的思考層面過淺，你還是多少能從中學到東西，回歸交流的真正目的。

兩位業務員和他們的經理共進午餐，步行至餐廳的途中，三人拾獲一盞油燈。摩擦油燈後，許願精靈隨即現身，並允諾實現他們一人一個願望。

沒等經理開口，業務員甲搶先一步說：「我先！我想遠離世俗，在大溪地快樂地過日子！」業務員甲倏地消失了。

業務員乙緊接著說：「我想跟摯愛去夏威夷的沙灘，享受免費的雞尾酒！」業務員乙也倏地消失。

精靈對經理說：「只剩你了。」

經理忿忿地回答：「我要那兩個蠢貨在午飯後馬上回來工作！」

無論你是基於什麼原因而搶話，你都要知道，中斷對方發言的行為易引起他人的不悅，而這也等同於在人際交流方面設置層層的障礙。即使眼下對你的影響不大，但時間一久，所造成的形象傷害就不可小覷。所以，尊重他人發言的權利，他人就會尊重你。急著想打岔對方的言論時，別忘記這個笑話，搶話的習慣會改變一個人的命運。

Situation 6

敞開靈魂之窗，別怕你的真心被看穿

存乎人者，莫良於眸子。眸子不能掩其惡。胸中正，則眸子瞭焉；胸中不正，則眸子眊焉，聽其言也，觀其眸子，人焉廋哉！

——《孟子．離婁章句》

阿明是一家大公司的高階主管，一日午後，他約了老主顧在鄰近公司的咖啡廳裡談生意。在阿明等待老主顧的過程中，隔壁傳來十分悅耳的嗓音，嗓音的主人正在推銷一項產品。由於此人的聲音實在太好聽了，加上談吐有致，阿明不禁好奇地望向說話之人。

沒想到阿明這一瞧，卻立刻感到不妙與惋惜。因為這名聲音渾厚有力的業務員，從頭至尾都直盯著ＤＭ說話，看都沒看他的客戶一眼，而坐在他對面的客戶，臉色是愈來愈難看。最糟糕的是，那名業務員正是他旗下的雇員小勇。

看到這裡，眾人大概不免替故事裡的業務員小勇捏把冷汗，因為他顯然即將當著主管阿明的面丟失一名客戶。

根據研究調查指出，在人與人的談話過程裡，有百分之六十到百分之九十的交流是透過非語言。何謂「非語言交流」？非語言交流，指的就是透過肢體動作、體態、語氣或空間距離等方式進行訊息的交流。絕大多數的情況下，人們在與陌生人談話的前幾分鐘裡，就已經下意識地藉由非語言的交流，判斷對方此次的談話究竟帶有什麼目的、他的可信度是高是低，甚至在這個階段就清楚地知道對方是否是個能夠共事之人。

我可以想像得到，在主管阿明看到小勇的外在行為之前，內心對小勇的評價絕對不低，因為像小勇一樣有副好嗓音、口條又清晰的人，輕易地就能夠吸引聽眾的注意力，是個當業務員的好材料，然而單是「不敢對視」這一項缺點，就足以將小勇的所有優點一筆勾消。

《孟子．離婁章句》提及，想要了解一個人，觀察他的眼神是再清楚不過了，因為人無法掩藏眼神所透露出的惡念，如果一個人正直善良，那麼他的眼神就是明亮的，如果他心存邪念，眼神則會混濁不清。所以聽聽此人說的話，再看看他的眼神，又有誰可以完全掩藏自己？

家庭與學校的教育，加上人生經驗的累積，讓懂得察言觀色的人不必讀過前面這段話，即知道雙眼是了解一個人的重要途徑。那麼反過來說，當你在與人對談時，始終迴避眼神的接觸，會帶給對方什麼樣的觀感？無怪乎對方不把你說的話當一回事嘛。

但是我往往也發現，人們知道「談話時須直視對方的眼睛」是一回事，做不做得到，那又是另一回事了。箇中原因，在於沒有深入探討為什麼自己無法適時地做眼神接觸，並對症下藥。

1 你對言說的內容缺乏信心

眼神迴避的一個重要因素，就在於你對自己說的話不具信心，而至於為什麼會不相信自己說出口的話，則是你相信「世界上有絕對的是非」的概念，你擔心自己說出來的話是「錯的」，導致對方認為你是愚蠢之輩。但我要說的是，其實世界上沒有絕對的是與非，只有你的意見與觀點能否為他人所接受而已。

人的言語是經由思想形塑而來，人的思想則會因為生活經驗、立場與習得的知識相異等眾多因素而有所不同。正是因為這種差異，讓思想的交流有了意義，倘若每個人對一件事的看法全無異議，交流就成了完全不必要的事情。

所以，你不必擔心自己所言有誤或異於對方的想法，而應該專注於你所表達的觀點是否具有足夠的說服力。當你在談話的過程中，全心全意地使自己的論點站得住腳，自信心自然就會展現於無形。

2 你必須掩藏自己的真實想法

日常生活中，我們不免都會遇到「諜對諜」的情況，例如在一場聚會裡，同席的朋友問了個政治敏感的問題，又或是打得火熱的戀人問你「我跟你的母親掉進海裡，你會先救哪一個人」。當你心裡所想的與能說出口的是兩回事的時候，眼神飄忽不定也是人之常情，因為你唯恐對方透過你的雙眼看穿你的真實意圖。

處於這種站在甲方立場也不是，站在乙方立場也不是的僵局時，你該衡量的不是究竟回答「甲」還是「乙」才對，你應該跳出既有的框架。

舉例來說，面對媒體不懷好意的提問，美國總統歐巴馬總能將對其他人來說是陷阱的提問，巧妙地逆轉為增添自己魅力的墊腳石。一日，歐巴馬在一檔脫口秀中接受訪問，主持人直接詢問他曾否看過外星人的相關檔案。那個當下，無論歐巴馬回答「是」與「否」，都將導致觀眾譁然，而且主持人還特別提醒他要說實話，因為鏡頭正對準他的臉。在這個考驗智慧的緊要關頭，歐巴馬半開玩笑地回答：「外星人嚴格控制著我們，我不能透漏任何事。」

歐巴馬的語氣並不會讓大家覺得他所言為真，因此順利地化解僵局。所以當你不管怎麼回答都裡外不是人時，不妨以委婉或幽默的語言模糊敏感的問題吧。如此一來，就能避免因眼神而顯得不真誠的困擾，畢竟不該說的話，你一句也沒說。

3 你打從心裡瞧不起對方

《晉書．阮籍傳》裡寫道：「阮籍不拘禮教，能為青白眼。見禮俗之士，以白眼對之。稽喜來弔，籍作白眼，喜不懌而退。喜弟康聞之，乃賫酒挾琴造焉。籍大悅，乃見青眼。」這段文字的大意是，阮籍能夠用青眼和白眼看人，當他見到拘泥於禮俗的人，就以眼白看對方。阮籍的母親去世時，嵇喜前來慰問他，阮籍以白眼相待，於是嵇喜不悅地離開了。嵇喜的弟弟嵇康聽聞這件事後，就帶了瓶酒跟一把琴去拜訪阮籍，阮籍高興不已，就以青眼看待嵇康。這也是垂青與青睞等辭彙的由來，當我們以青眼相待，表示我們看重與尊重對方。

視線的擺放，表面上看起來只是單純的姿態問題，但深究其意，它是人們心態的外在表現。當我們打從心底瞧不起一個人，對方便能透過我們迴避的眼神感受到我們對他的不屑，久而久之，他自然也不愛跟我們說話、不尊重我們了，結果彼此的互動只會越來越差，與我們的初衷背道而馳。

若是希望得到敬重，我們便得先尊重對方，將對方當成VIP來對待。因為當我們將對方當成VIP對待，他才能看見他的自我潛能，然後逐步成為一個更好的人，屆時，雙方的交流將能夠更加暢通無阻。這才是我們所希冀的未來走向，不是嗎？如此一想，改變自己的心態就不是什麼難事了。一旦調整好心態，我們的眼神亦將隨之導正。

4 你天性害羞

因為個性害羞而被誤解為一個眼神閃爍、為人不誠懇的人，實在是太過冤枉的一件事了！其實，我們可以透過一些小技巧改善這部分的不足。談話的過程中，我們必須與他人對視的意義在於——讓對方知道我們尊重他的存在，以及對方因為「被注意」的感受而認真傾聽我們的話語。也就是說，對生性害羞的人們而言，只要能達到前述的目的即可，不必緊盯著聽眾的雙眼不放，將視線擺放在對方的雙眉之間，就會產生注視雙眼的效果了。

針對個人不願與他人對視的原因去改善，我們就能避免「被誤解」、「存在感薄弱」、「字字珠璣成為他人耳邊風」等等令人扼腕的情事發生。然而，可千萬別因為克服了自己的心理障礙後，就一個勁兒地直盯著對方瞧啊，讓對方誤以為妹有情或郎有意可就糟糕了。記得，適時地移開視線、改變視線交流的節奏，並且保持微笑，就可以改變自己在對方心中的印象。

回到開頭的故事，業務員小勇為什麼始終低著頭說話呢？倘若是因為準備時間匆促而不熟悉資料，這我得先叨念兩句不應該，但在這個前提下，並非沒有緊急應變之道。他僅需利用短暫的時間記下要陳述的重點，第一時間抓取客戶的注意力後，待客戶提問，再進一步以簡報的方式詳加說明。換句話說，將資料與客戶分享。如此一來，小勇的神態就會更從容，能夠維持自己的專業形象。

別忘記，人們可以透過眼神來了解彼此當下的內心狀態，所以當我們希望對方聽我們說，就應該率先展現自己的誠意，敞開靈魂之窗，以創造友善的交流氛圍，開啟進一步認識彼此的機會。

Situation 7

別讓你的幽默傷了人

指責是輕而易舉之事，因為看見缺點毋需費力，但發現修正的辦法則需要見識。
——威爾．羅傑斯

一日，美國總統林肯正在演講時，人群中忽然有人傳了一張紙條給林肯，上頭竟寫了「傻瓜」兩個字。看到紙條的人們一下子全怔住，摒息注視事態的發展。

沒想到林肯微微一笑，說道：「我收過許多匿名信，多數只見正文，不見署名，但今天正好相反，這張紙條上只有署名，缺少正文。」語畢，眾人哄堂大笑，緊張的氣氛頓時無蹤。

正是這種幽默的做人之道，助林肯在美國公眾的心中建立了高度威信的形象。而且因為林肯的幽默總能加強演說的感染力，其後的幾位總統借鏡林肯成功之處，會於事前搜羅大量的幽默故事，待上台演講時，根據現場的具體情況和講稿內容應用，以博得滿堂采。

這或許僅是名人軼事，卻間接突顯幽默之於聚集人氣的重要性，畢竟誰不愛歡笑的氛圍呢？然而，我們也得認清一個事實，那就是只有極少數之人擁有渾然天成的幽默，因為真正的幽默風趣需要智慧，而這絕非易事。所以，當你將聚集人氣視為前提去展現幽默，就必須加倍謹慎。

美國商業雜誌《富比世》就針對「如何運用幽默感」，列出以下五個應注意的事項：第一、別忘記你的身份。如果你身為管理階級，領導才是你的首要任務；第二、上司可以跟員工開玩笑，但是在彼此的信任感穩固與擁有長期的工作情誼為條件之下；第三、開自己玩笑不一定是幽默的表現，很可能因此傷人而不自知。舉例來說，領導者的發言不僅代表個人，亦代表團隊，因此當你開自己玩笑時，很可能傷害了團隊；第四、如果你的個性實在不適合，就別勉強自己要幽默，以免弄巧成拙；第五、幽默要看對象，你的玩笑是否幽默，決定權在對方而不在於你。如果對方不覺得幽默，那麼你的一番好意倒成了惡意。

談到幽默一事，需要注意的事項實在太多，原因無他，因為水能載舟，亦能覆舟，多數時玩笑開大了，反倒會破壞人際關係，迫使人們遠離你。比方說，馬來西亞航空墜機事件之後，一名螢幕形象風趣的美國影星在推特（一種社群網路服務）上自以為詼諧地詢問：「有人要買我的馬航里程數嗎？」玩笑開過了頭的下場就是，眾人一陣怒罵，指責他說話不經大腦，沒有顧慮到罹難者家屬的心情。

幽默有如演奏一首美妙的樂曲，如果沒有注意各方面的細節，就會荒腔走板，使談話雙方皆感難堪，這並非任何人所樂見的結果。

簡言至此，我們進一步來檢視究竟是什麼樣的心理，促使人們做出以幽默置他人於尷尬窘境的行為。

1 你透過犧牲別人來抬高自己的身價

某日，一群朋友聚一塊兒吃飯。小霞看著許久不見的花花，稱讚道：「花花，你現在的模樣更漂亮，以前太瘦。」

花花有些難為情地說：「是嗎？我最近還念著應該開始減重了。」

小霞笑道：「沒這回事！如果你這樣就要減重，那你說小胖該怎麼辦？」

大夥兒忍俊不禁，一旁的小胖則是困窘地放下炸雞，好好的食欲就這麼毀了。

α（Alpha）是希臘文的開首字母，原是用以代稱獸群裡的領導者，後來延用至人類，形容團體中具有主宰地位或是擁有主導性格的人。

每個團體裡定會有一個阿爾法（Alpha）型的角色，即便是陌生人聚集在一起，他們潛意識裡也會透過彼此的互動，找尋最適合自己的位置，於是就不自覺地出現一較高下的言行舉止。而為了提升自己在群體裡的重要性，有時候人們就會藉由愚弄取笑來傷害他人的自尊。這種以提升自尊為目的的幽默，就是將自己的快樂建立在他人的痛苦之上。

這或許是人際競爭的必要手段之一，但是動不動就嘲弄他人弱點、時刻處於攻擊模式，無疑是增加自己的心靈負擔。所以，當你產生提升自我存在價值的焦慮時，不妨轉而思考自身的優勢與長處何在，並將精力用於發揮所長，如此一來，既能達成原本的目標，也以正向的能量淨化自己充滿敵意的心靈了。

2 你想討他人歡心

相對於前面一種強勢的幽默，這種討他人歡心的幽默感屬於消極的類型，它多數時是以自嘲的方式呈現。也就是藉由貶低自我，使聽眾得到優越的感受。

在美國的政治人物之中，林肯可算是其貌不揚。一日，林肯與他人進行辯論，對方當眾指控林肯說一套做一套，是個雙面人。林肯回應：「先生，您說我是雙面人，但如果我有另一張臉的話，我會自願帶著這張醜臉來見大家嗎？」這一席話令對方也忍不住笑了。

自嘲若是運用得宜，就能像故事裡的林肯一般化解緊張的局面，贏得他人的好感；然而當人們的自嘲過於頻繁時，就會令聽者十分尷尬。畢竟這種幽默是以貶低自我為主，敢以自己的短處說笑是豁達，常以自己的短處說笑則予人不自重之感。

所以，幽默確實能為人氣加分，但你不是非幽默不可。以長遠的眼光來看，無論是在舞台上或是平日的人際相處，真正的人氣之道在於「品牌」的經營，在於你的品格、特質與待人接物的態度。當你慢慢擦亮自己的這塊金字招牌，自然能吸引高忠誠度的粉絲。想要獲得人們的支持與愛戴？以真誠的一面待人才是王道。

Situation 8

尊重人心，說話別帶刺

先求了解對方，再求被對方了解。這是交流能否達到成效的關鍵。

——史蒂芬．柯維

北宋時期，宰相寇準性格豪爽，處理國家大事游刃有餘。不過，因為他說話總是過於直白又帶刺，不但影響到他的人際關係，也因而賠上自己的仕途。

丁謂為官時，對寇準非常恭敬。某次用餐，寇準的鬍子沾到了湯汁，丁謂就連忙站起來替寇準擦拭乾淨。

寇準笑道：「你身為參政，是國家大臣，怎麼會為長官擦鬍鬚呢？」

丁謂自此記恨在心。

待丁謂拜相後，他就全力詆毀寇準，並與同樣受過寇準謾罵挖苦的官員結盟，共同對付寇準。他們時不時地就在皇帝面前說寇準的壞話，以致最後連皇帝也覺得寇準實在太不懂得說話，寇準的政治生涯也隨之結束。

寇準敢於直言規諫皇帝，因此皇帝曾稱讚道：「朕得寇準，猶文皇之得魏徵也。」（魏徵是唐代直諫敢言的忠臣。）然而，直言不諱也必須看時機，並非只要人們秉持這是一種正直的表現，就可以恣意妄言。從寇準的角度來看，丁謂的舉動是諂諛奉承，所以他想也沒想地就當眾羞辱丁謂，但再怎麼討人厭的傢伙也是人，也有心，為什麼寇準非得以中傷他人的方式達到他的目的，不能換個方式婉拒丁謂的好意呢？

在某些情況下，人們認為以直截了當的態度與強烈的言詞來表達自我主張，才能達到更有效的交流。如果今天全世界的人都變成機器人的話，確實如此，不帶任何修飾，純以機械式語言溝通一定簡單多了。不過只要大家還是有血有肉的地球人，就不能去掉話語裡的人情味，畢竟每個人的情緒承受力不盡相同，而照顧聽眾感受的那份心意，就是人與人相處的緩衝機制。這正是寇準的坦率背後所缺失的，真實的想法要以誠懇的態度來支撐，它們並不衝突。

「你怎麼回家啦？外面多逍遙自在啊。」

「女兒煮飯啊？真是百年難得一見，現在不吃以後沒機會了。」

這些話真酸啊，於是丈夫更不喜歡回家，女兒下廚的興致也從此被毀了，明明說話者是出於雀躍之情，但究竟為什麼要使用這般語句呢？

1 你就是眾人的標準

因為你較不在乎他人的想法，所以不自覺地會將自己的標準套用在對方身上，要求對方的言行符合你的期待。假若有違反以及不符合期待的情事發生，你不滿的情緒也隨之滋生，而強烈的言語就成為你表達抗議的方式之一。比方說，丁謂的行為即偏離寇準的準則，因此他第一時間就因厭惡而出言諷刺。

其實，你可以經由反思的練習，慢慢放下這種「期待」——在你傳達自己的理念（或想法）之前，你要知道，對方沒有回以正向反饋的義務，當你責備他人偏離你的人生準則之前，請你捫心自問，對你而言是理所當然的準則，對他人而言難道就一定不可違嗎？

自我是一座可怕的監獄，它讓人們在哀傷與苦痛中掙扎，不斷地以嘲諷他人來發洩不平之氣。當你面對不同的做法時，不妨盡力去挖掘人們行為背後的動機，只要你深入了解，便能更進一步理解對方，減少彼此的摩擦。畢竟人生並非只能依照一種準則過活，每個人都有各自求生的方式，道不同，不相為謀即可。

2 你將他人的善意視為惡意

老李跟老方是部隊裡的舊識，某天他們為芝麻綠豆大的小事起了爭執。幾天過後，老李想想，實在沒必要為此事而置友誼於不顧，於是登門拜訪老方。老方聽了老李的道歉後卻說道：「呦，真謝謝你的寬宏大量啊，我要是不願意接受你的道歉，我不倒成小人了？」

這是一個很有趣的現象，就像案例裡的老方，人們有時在面對他人的示好時，內心會覺得不舒服。這是出於人們暗自相較後，產生對方占了上風的劣勢之感，因此難以坦然地接受對方的回饋。結果就是，你寧願拒絕讓彼此間的不愉快成為過眼子，展現你擁有接納致歉的氣度，那才是扭轉局勢的關鍵。雲煙，也不願接受對方的好意。然而，爭這一口氣並無法讓你奪回已經失去的面

3 過往的創傷使你疑神疑鬼

你的內在創傷尚未復原，所以一遇到與創傷經驗相似的情境，使你連結到當初的傷痛之感，你就會馬上築起一堵高牆，以尖銳方式應對所有人，防備自己脆弱的心。舉例來說，一名曾被女朋友劈腿的男性，他在對性格活潑外放的女性說話時，常常語帶諷刺，顯然就是他尚未走出過往的陰影，才會導致他日後將這種負面能量渲洩在無關的人身上，而逼使人們紛紛走避。要想解除這種渾身帶刺的狀況，還是得回溯當初的痛苦經驗，針對它進行心理療癒，最後慢慢地放下憤懣的自己。心門放寬之後，你的態度和言語也就會柔軟許多。

在開頭的故事中，寇準該如何妥善應對丁謂的舉止，並同樣傳達自己厭惡他人阿諛奉承的意涵？寇準可以禮貌性地拒絕，例如，擺手表示他不需要別人幫他擦

拭，並以莊重的口吻說：「不用了」。我相信丁謂不難理解寇準的意思，而寇準日後的命運可能也就稍有不同。

當你忍不住想要諷刺他人時，請先試著理解對方的立場與想法，挖苦他人的欲望自然就會減少。即使是面對自己十分厭惡的人，如此一層層地剝除和談話目的無關的念頭、摒除情緒性的因素，你就能以正面的態度傳達自己的想法，創造彼此都感舒適的對話空間，並且贏得人心。更何況，你永遠不知道自己挖苦的是不是報仇不嫌十年晚的小人，人生要煩惱的事夠多了，實在不必多添一樁啊。

Situation 9

客套話得說，但多說無益

人而不仁，如禮何？人而不仁，如樂何？

——《論語・八佾第三》

某天，菜菜子舉辦生日派對，她的同事小桃送她一條親手織的圍巾。

菜菜子驚呼道：「小桃，這是你親手織的嗎？好厲害啊！」

小桃難為情地說道：「真不好意思，因為是第一次織圍巾，所以技巧拙劣。」

菜菜子趕緊反駁：「沒有的事！你們大家看，小桃織得多漂亮啊，跟百貨公司的沒兩樣呢。」

小桃笑瞇瞇地說道：「哪有你說得那麼好，菜菜子你就是這麼貼心，怕我難過才這麼說的。」

菜菜子開玩笑地抗議道：「哎呀，不

是我貼心，是小桃你太謙虛了。」

望著菜菜子跟小桃兩人彼此不間斷的吹捧，眾人的笑容是越來越僵，越來越不自在。

你是否也曾遇見相似的情況呢？無論是職場上或是鄰里間，因為顧及對方的心意以及對彼此的尊重，人們都知曉必須說點客套話的道理，一個不懂得說客套話的人反倒是不懂得做人的魯莽之徒了。然而，究竟什麼是「客套話」？客套話並非虛偽，但它們卻只有一線之差。

就字面上釋義，所謂的客套，是會客時表示謙讓、問候的話語。它是以釋出善意為主要目的，它是真情真意，它是人類自然流露的關心與憐憫之情。舉例來說，朋友遭遇困難時，你安慰道：「沒事的，事情一定會好轉。」這即是出於你的誠心，事實上，你並不知道事情會不會好轉；同儕順利通過考試時，你的一句恭喜，即是表達你為他感到高興；親朋好友誇讚你時，你的一句「過獎了」，是出自於你的謙虛。

當你的言行一致，你的話即是客套，若僅是為討對方歡心而出善言，那便是虛偽不實了。像是，你明明覺得對方是平庸之輩，卻拼命地誇獎他優秀；你心裏其實很不樂意，卻又裝出很高興的模樣。換句話說，客套與虛偽的差異，就在心態。

雖然你秉持真心誠意，但客套話說多了，還是不免帶給人虛偽之感。原因無他，在於「麻木」二字。站在聽眾的角度，倘若他第一次聽到你講某則笑話，他會覺得有意思，但短時間內又重複第二次、第三次的時候，不僅笑話變得無趣，對方也會連帶懷疑你是否已經不知道自己在說些什麼了。一旦言語無法傳達情感，客套語就失去其意義，甚至進一步成為人與人交流的無形屏障，所以客套話得說，但多說無益。

從另一個角度切入，「過於客套」也可視為一種防衛心理，目的是透過前述的麻木心理，向對方傳達「我只是公事公辦」、「我並不想與你深交」的意涵，於是對方自然也就會客套地回應，保持一定的距離。不過，如果你的目的並不在於此，而是希望能拉近彼此的距離，那麼在交流的過程中，你就必須褪去層層面具，僅說發自內心的話。如此一來，對方就會因為你真實的心意，而真切地回應你。

而你還可以進一步做到以下兩點，避免自己的善意淪落為虛偽：

1 談話時保持平常心

因為你越是緊張，腦海就越容易陷入空白的狀態，此時你嘴裡迸出來的應對詞彙，通常就是最不會得罪人的官方用語。以深呼吸來緩解緊張感，並且盡量放慢說話速度，你就能逐漸回復常態，然後用心地與對方交流。

2 讚美的話越確切越好

好聽的話人人愛聽，但因此而任意地說出口時，即使你的話聽起來是讚美，卻總讓人感覺只是表面工夫。當你稱讚或感謝對方的時候，內容必須具體。舉例來說，與其稱讚孩子可愛，直接地說道：「孩子的眼睛真大，水汪汪的好漂亮。」就更有說服力，而不會有敷衍應付之感。

又或是，單純地稱讚對方是個好人，對方可能會覺得莫名其妙，但如果你具體地點出：「你時常主動協助同事解決問題、訂午餐，真的非常熱心。」那麼對方也才會知道你所讚賞的作為，並確實地知道以後可以怎麼幫助你。

以開頭的案例來說，菜菜子只要顧及小桃的情緒，真誠地表達自己的感謝之情即可，浮誇的用詞一多，她的心意也就隨之稀釋。簡言之，沒有人不喜歡進退有禮之人，但畢竟客套話是出於不想傷害他人的一份心，說得太多，反而有隱藏真心之嫌，久而久之，人們自然對你如Siri（人工智慧助理）般的內建對答失去興趣。

然而這並不代表你說話時就該毫不客氣，正所謂「言語非劍，但能傷人」，一個人若口沒遮攔，就會成為一個刻薄無情之人。只要你誠摯地待人，並且適當地表達自己對他人的尊重，就是客氣，言行舉止也已是客套，其餘的事、其餘的話，不必多說。

Situation 10

你不自覺地當起老師

學問有餘，人資於己，以不得已而應之可也。若好為人師，則自足而不復有進矣，此人之大患也。
——王勉

某位企業家遭遇財務上的困難，於是他決定找同業談企業合併的事宜。會面當天，雙方才剛坐下來，企業家就滔滔不絕地大談自己的經營理念和行銷計劃，結果他不僅沒有談妥合併一事，他自以為是的態度反倒使得他在業界的風評大受影響。

企業合併的計劃宣告失敗後，企業家轉而向銀行融資，希望能一解財務上的饑渴。然而，每當他和銀行的主管見面時，他總是大談經濟理學理論，彷彿深怕對方不清楚自己的能耐。

銀行的各個主管都無法接受他的態度，所以談話屢屢破局，沒有人願意伸手資援他。企業家四處求助，但人們都因為他的個性而紛紛走避，最後，在始終無法取得金援的情況下，他的公司只好宣佈倒閉。

你是否無法理解這位企業家的態度？為什麼他明明已經陷入需要援助的困境，還將姿態擺得如此之高？不過，只要你將這位企業家當成一面鏡子來自省，你就會發現，日常生活中，人們時常不自覺地當起他人的「老師」。例如：一群人聚一塊兒聊天時，一談論到你所擅長的領域，你就完全進入忘我的境界；當家人向你抱怨工作上的不愉快時，你不小心就當起職場達人，指揮對方應該如何處理事情；朋友的感情不順時，你即變身為現成的兩性專家，試圖「矯正」對方的觀念和做法。

你是出於好意，希望將自己所擁有的知識與經驗傳授給對方，協助他解決問題，結果沒想到，反而促使對方拒絕再跟你談心，畢竟你們不在課堂上，他也不是你的學生，實在沒必要安靜地坐那兒聽你說教，不是嗎？

諸如此類的情況倘若不斷重複，不僅是你易產生挫折感，也會造成對方的困擾。想要改善好為人師的態度，你可以針對以下幾項「心理症頭」，對症下藥。

1 你忘記抽換自己的角色

一生中，每個人皆擁有多重角色。你是個父親，但同時也是兒子，是女婿；你是個教師，但同時也是個學生；你是個主管，但同時也是別人的下屬。

其實，扮演好每一個角色已非屬易事，在不同的角色之間反覆轉換，對許多人來說，自然有其困難之處，於是因為無法抽換角色，在學校任教的老師回到家以後，將訓斥學生的態度用在自己的孩子身上。當你發現自己將甲角色的壓力與態度，轉嫁到乙角色的時候，請你問問自己，相對於你眼前的聽眾，你究竟是誰？

聽眾沒有義務去理解、甚至體諒你的其他身份，因此，你必須先認清自己的立場，當你找到自己的定位，在交流的過程中就不至於失去重心、抓不到對話的目標與重點，而這樣的對話才會有成效。

2 你的優越感跑出來了

小陳最近發現，自從阿坤搬到都會區居住之後，說話的態度就變得不太一樣。

每次跟阿坤聚一塊兒聊天，小陳總是備感壓力，因為只要談到小陳不熟悉的領域時，阿坤就會用驚訝的眼神看著他說道：「這你都不知道？我告訴你吧……」弄得小陳十分難堪，所以不再願意跟阿坤說話了。

當你不自覺地侃侃而談時，代表你的內心存有一定程度的優越感，對正在發表的言論充滿自信。不妨這麼想吧，自信從來不是件壞事，它有助於提高你說話時的可信度，但是表現過頭了，就無異於貶低你的聽眾。沒有人甘願被視為愚蠢之徒，所以你的聽眾自然會覺得反感。因此，在你高談闊論之際，別忘記留給對方表達看法的機會。其實只要簡單的幾句「你覺得呢」、「你也是這麼認為嗎」，就能夠避免對方誤解你，而且你亦能藉此得知對方的想法究竟是與你南轅北轍，還是英雄所見略同，並視情況改變談話的方向。

3 你熱心過頭了

由於對方極度信任你，所以你不小心踰越尺度，主動承擔了本應由對方自己擔起來的責任，例如：因為你過於擔心對方的狀態，於是不斷地給予對方建議，並且想方設法地想幫助他解決問題。通常最後不是對方覺得你太雞婆，就是他無形中對你產生依賴，造成雙方的負擔。

在付出的過程中，你必須要量力而為，去感受對方的實際需要，並在關鍵的時刻協助即可，留給他成長的空間和時間。這樣，你們的交流才會長久，因為這是一段能夠欣然地給予和接受的關係。

知識與經驗的傳授永遠都是一件好事，它促使人類文明不斷地向前發展。然而當你出於善意地想將知識與經驗傳遞給對方的時候，定要顧慮「受教者」的心情，否則他擱筆後，不悅地說句「有人問你了嗎」，難受的也只是你自己，徒增好心沒好報之感。所以，校正以上列舉的三種心理症狀之後，你還是擁有授業解惑的渴求時，記得先檢視以下的條件，再開口。

第一，對方真有接受教導的需求嗎？若是沒有思考這件事就熱心地指導他人，你的言行在他人眼中，就會淪為賣弄。倘若對方確實有這方面的需求，你要進一步地觀察，他心理上是否做好準備，因為如果他沒有心聽，成效其實不大。第二，當對方願意受教，也有足夠心理準備時，你有弄清楚他需要解決的問題是什麼嗎？如果他想要向你學習企業經營，你卻談起做學問之理，豈不是文不對題，說了等同於沒說。

如此一來，你才能夠真正地協助他人解決問題，成為讓人想多方親近的賢者，而你的才智亦有了嶄新的價值。

第2章

話說到心坎上，一見如故的好感難以抵擋！

我不是要教你「裝」熟的技巧，而是希望你不再以真心換絕情。每一場對話都是一篇經典樂章的演繹，動聽與否的關鍵，在於你掌握談話節奏的能力。

Know-How 1

他記不住你的話語，但感受難以磨滅

文明的最高表達方式並非藝術，而是人們強烈感受到的、並互相給予對方的溫柔體貼之情。

——諾曼．卡曾斯

明朝的薊遼總督洪承疇，於松錦之戰中被敵軍俘虜。洪承疇統兵一生，不僅威望極高，而且對中原的山川形勢瞭若指掌。倘若他願歸順大清，對大清征服中原的意義可想而知。

但是洪承疇決意以身殉國，也不肯投降，更對大清罵不絕口。皇太極不僅不生氣，還盡可能地動員各方人馬勸降。不過，眾人皆無功而返。最後，皇太極亮出范文程這張王牌。

范文程探望洪承疇時，對歸順隻字不提，反而開始天南地北地閒聊。彼時屋樑上的一撮灰土落下，范文程注意到，洪承疇見衣服髒了，便立馬將灰塵拍掉。范文程回到宮中後，斬釘截鐵地向皇太極說道：「洪承疇絕不會尋死。對衣物尚且如此愛惜的人，難道會不愛惜自己的生命嗎？」

皇太極聞後大喜，於是決定親自前去見洪承疇。相見的當下，洪承疇衣衫單薄，皇太極見狀，便脫下貂皮外衣，披於洪承疇身上，問道：「先生，您覺得冷嗎？」

感動萬分的洪承疇，於是伏首稱臣。

對一個保家衛國的將士來說，自然是不會對敵軍存有好感，因此洪承疇怒罵前來勸降之士是人之常情。然而，為什麼同樣是勸降，范文程卻能打破僵局？癥結點就在於，范文程理解洪承疇的防衛心理，所以將對談的目標放在化解敵意，讓洪承疇感受到己方並非可惡之徒。

假使范文程一開始就顯露勸降洪承疇的意圖，洪承疇肯定不會開啟話匣子，而皇太極親自出馬時，若一味地說服對方，洪承疇肯定不會心悅臣服。反而是友善與關懷之情所形塑的正面感受，成為他們真正擄獲洪承疇的關鍵。

其實，相似的經驗在我們的生活裡不難尋覓。像是我們不見得會記住旅行途中的枝微末節，但整趟旅程的感受卻會在心頭繚繞良久；又或者你觀賞完一部電影，盤旋腦海的多是電影的整體氛圍，而非對白細節。

所以，在初次交談的過程裡，請你不必過於擔心「話題不具深度」、「表現不夠出色」或者「沒有達成溝通的目的」，因為當你的心思都專注於解決上述問題，就會忽略交談時最重要的目標——化解隔閡。於是，縱使你再健談、再有才華，聽眾也難以對你產生連結感，你的話語就隨之失去暖度。

簡言之，只要在對談交流時，因為你塑造的正向氛圍，而讓聽眾幾度發自內心地露出微笑，那麼接下來的事情就好辦多了。而找到連結的暖度其實並不難，它的秘訣就在於貼近聽眾的心。

「貼近」一詞乍聽之下虛無飄渺，不過要做到此點，卻有具體的方法。

1 精準的受眾思考

受眾，即是指接受資訊之人，在這裡就是你的聽眾。想要貼近對方的心，你要針對他的年齡層、身分、性別與當前狀況等等角度，去思考他的需求。一旦得知他的真實需求之後，你就能夠讓他沐浴在你充滿同理心的對談氛圍之中，而他將不得不將你的話聽進心裡。

緊接著，進一步鎖定彼此的共同認知。正所謂：「物以類聚。」由於人們傾向親近擁有相同興趣、類似經歷的人，這些交集可以讓對方產生「眼前說話的這個人能夠理解我的感受」的寬慰，漸漸地將你歸納為自己人。

2 穿插誠摯的問候

友善的問候永遠都是貼近人心的好方法。諸如「你的感覺好一點了嗎」、「你願意跟我說說發生什麼事情嗎？說不定我能幫上你」等等無關利益的關懷性語言，可以讓對方感受到你的真心誠意，心頭湧上暖流。千萬別小看問候的力量，當聽眾的境況正處寒冬，你的一句善意、一點善心，不下於雪中送衷。

然而莫忘〈客套話得說，但多說無益〉一篇裡所提及的，人們絕對能夠感受到你的矯情刻意，所以如果你僅為求達到目的而關切對方，那種虛偽之言就別說了。

3 適時調整彼此的距離

創造合宜的氛圍是人與人交流時非常重要的一環，例如談判的當下，務求言詞嚴正；希望對方對你的話產生共鳴，則是力求氣氛愉悅舒適。當然，若是談話正在進行中，你自然無法藉由大步地往前一站來調整距離，那會顯得十分突兀，不過你還是可以視情況，以小幅度的變動達到相同的效果：

坐姿：正如同人們的身體捲縮時，會帶給他人做錯事、焦慮不安之感；跨騎椅子而坐時，則有好勝與唯我獨尊的心理；你可以反過來利用外在的舉止予人正面的態度。只要將上半身稍微向前傾，對方的潛意識裡就會接收到你對他的話很感興趣的訊息。

聲調：《禮記．樂記》裡寫道：「凡音之起，由人心生也。人心之動，物使之然也。感於物而動，故形於聲。」大意是，聲音來自於人的有感而發，人的心本是寂然不動，它之所以動，是因為受到外物的刺激。如此看來，聲音可說是人心的外在表現了。所以，當對方說得起勁時，你可以藉由語音的上揚來傳達熱絡之感，讓雙方的談話高潮迭起，快速拉近彼此的距離。

范文程和皇太極的態度、動作和言語看似簡單，但是這個簡單，背後卻是該如何營造親和感的重重困難；而困難則是來自於人們在談話的過程中，總難以將自己的目的先放在一旁。請你別急著展現自己，別一心想著要達成此次談話的目的，先融化對方的心、取得對方的信任，然後再「出手」。

假使你期待自己的言語能深得聽眾的心，別忘記給予對方正面的感受。一旦他人想起你時，嘴角會上揚，心情是輕鬆的，那它將會成為你開拓人際關係的重要鑰匙，因為你日後不乏表現的機會。

Know-How 2

投其所好，他就會聽你說

利而誘之，亂而取之。

——《孫子兵法．始計篇》

一日，雜誌社編輯麥克約了知名的散文作家見面，這次的見面不僅是訪問作家而已，麥克還希望能邀請此位作家為雜誌社撰寫一篇文稿，為雜誌的改版造勢。

過程中，麥克始終應對有禮，訪談進行得還算順利，但是老師卻似乎對寫稿一點興趣都沒有，想要草草結束訪談，於是麥克當下有些心慌。

然而就在此時，麥克注意到有一本小說從作家的包包裡露出一角。

於是麥克靈機一動，問道：「老師您是以散文見長，但對於小說的想法呢？有沒有想過要跨領域寫小說？」

聞此，作家躁動不安的情緒消退許多，他說道：「我近年來確實有這個念頭。」

麥克進一步問：「老師有特別想寫哪種類別的小說嗎？」

作家興奮地說道：「我什麼都看，但想嘗試嘗試短篇小說。」

麥克說：「我本身也喜歡短篇小說，就像胡適說的，它是最經濟的文學手段，描寫事物最精采的一面！」

作家一聽麥克這麼說，笑了笑說道：「不過實在很可惜，現在短篇小說因為比較沒有市場，鮮少人寫了。」

麥克興奮地說：「但也不是完全沒有市場啊，像是……」

因為兩人打開了話匣子，之後的邀稿事宜也順利定案。日後，彼此還成為志趣相投的好朋友。

這裡所謂的「投其所好」，並非要你像個諂媚者一般，無論對方說什麼、做什麼、喜愛什麼，你都亦步亦趨地跟隨。投其所好，是為了進入對方所在的頻段。因為唯有心理與情緒達到相同的頻率，彼此才能產生共鳴，而你才能讓對方心甘情願地聽你說話。

所以，選擇話題的能力就顯得相當重要了。話題選得好，使人有相見恨晚之感，話題選得不好，就是挖坑給自個兒跳，自曝其短。舉例來說，即便你發現對方精通水墨畫，只要你一點也不了解，就千萬不要以此為話題。畢竟光是閉嘴聽對方說，你就會覺得心靈疲憊，若要積極地開口附和，對方則很可能會認為你在討好諂媚。要是因此而被他鄙視，實在是得不償失。

那麼，你究竟該如何挖掘彼此的共同話題呢？如果彼此熟悉，那尋找話題絕非難事，難的是面對你不甚瞭解之人。如果你希望能在短時間裡藉由「好話題」來消解談話雙方的陌生感，你可以從以下幾個方面著手。

1 從公眾議題開始談

公眾議題人人皆喜歡談，因為它是人與人之間的連結，它是社會的氛圍。而且面對公眾議題，人人都會有自己的想法，無論他的理念與你相同或相左，你只需要稍微提及此件事，多數人就會如洪水潰堤般，將他的看法宣洩出來。而你也可以藉此得知對方的思想與理念，摸清他的思路。

2 藉由觀察對方身上的配備

此時的你就是神探夏洛克．福爾摩斯，請你從對方的妝髮、服飾與隨身配備去了解這個人，他是否抽菸、他已婚還是未婚、他的公事包是塞得鼓鼓的，還是簡潔俐落？循著這些蛛絲馬跡，側面去推敲理解對方的個性與興趣，然後進一步以此作為引發交談的好材料，不斷地拋磚引玉，探索對方的嗜好，直到找到自己也熟悉的話題為止。屆時，你就能好好地發揮。

就像一名厲害的髮型設計師，他之所以能夠幫客人剪出滿意度最高的髮型，在於他不僅觀察什麼髮型適合顧客的臉型而已，當該名顧客一進髮廊時，他就開始觀察顧客的體態、穿著與行為舉止，了解對方的心理與狀態，然後投其所好。

這種就地取材的技巧，關鍵無它，靈活而已。

3 做球給對方接

如果雙方之間真的一點共通點都沒有，其實就對方感興趣的議題，循序漸進地發問就是一個好辦法，我稱這為「做球」。以「不恥下問」的心態，表達你的好奇之心。這就是〈你不自覺地當起老師〉一篇的反用，對方若是對某議題頗有心得，就利用他好為人師的性格，誘導他侃侃而談。這並不是要求你閉嘴聽他說就好，如果沒有互動，對方始終不了解你，那彼此的感情自然無法強化。所以，就當作是學習，認真地向他提問吧！說不定你將這些知識內化之後，日後就能夠派上用場。

然而，有些人很可愛，聽到我說要投其所好之後，在談話的過程中，就只想著談論對方感興趣的話題。如果你像開頭的案例一樣，交談是帶有目的性的，那麼切勿本末倒置了。編輯麥克在打開話匣子之後，若沒有將話題繞回邀稿一事，那他唯一的收穫就是結交一位新朋友而已。

對你而言，讓對方聽你說，不僅是讓他聽你聊共通的興趣，或是消除彼此之間的陌生感而已，而是讓他聽你說「正事」。

在人與人相處的過程裡，投其所好是為了讓對方將我們的話聽進去，它就像誘使孩子去看醫生的棒棒糖。你說的話並無半句虛言，你說的話誠心誠意，你只是需要先吸引對方的注意力。所以，在不違背正直人格的原則下，你如果能製造一個他可以發揮的話題，他就會因為覺得這場談會很有意思而喜愛你。

Know-How 3

無法抗拒的——每一句話都是為了你

生命的意義在於設身處地為他人著想，憂他人之憂，樂他人之樂。

——愛因斯坦

有一年冬天，老張坐火車到高雄出差。乘車的途中隔壁的一個年輕人不時打開窗戶，把頭探出窗外。冷風灌進車廂內，害老張直打哆嗦。

「大冬天的，你開什麼窗戶啊！你不冷，別人可是冷得要命啊！」他生氣地對那名男孩說。

小夥子瞅了他一眼，非常不情願地關上窗戶。但是過沒多久，年輕人又將窗戶打開了。小張氣得想再破口大罵。

故事敘述至此，你是否有似曾相識的感受？與人相處時，你明明已經就某件事向對方表達自己的不滿，但對方只是意思意思地附和你，隨後又恢復原本的態度。這是一件值得你去思考的問題，為什麼老張直截了當的表達方式無法達到他想要的成效？

這是因為人類內在反骨的性格使然，當你以斥責的方式試圖扭轉一個人的作為時，他第一時間是接收到你的怒意，於是就產生想和你「對抗」的念頭，覺得你是在找碴。

你通常可以發現，在交流的過程裡，一旦你開始說理、替對方分析現狀以及告訴他應該如何做時，談話雙方之間的情緒張力就會瞬間飆高。反之，假使你能以「為對方著想」的角度，包裝你的真正意圖，你的聽眾就會因為你的貼心而軟化態度。於是，你說的每一句話就能達到正向的作用。以前述的故事來舉例，我們來看看小張可以怎麼說：

冷風灌進車廂內，害老張直打哆嗦。老張想了想，關心地對年輕人說道：「年輕人，小心別受傷了，把頭探出窗外很危險的。」

年輕人望向和顏悅色的老張，有些不好意思地點頭示意。

老張笑了笑，繼續說道：「你要不要關上窗呢？現在冬天，風大，要是被吹得感冒，可就不好了。」

年輕人說道：「說的也是呢。」

於是年輕人關上窗戶，一路上再也沒有打開過。

在新版本的故事裡，老張向這名頻開窗戶的年輕人傳遞一個訊息，那就是——「我並非命令你或是責罵你，我是為了你著想。」於是乎，年輕人就在老張的語言暗示之下，改變自己的作為。

如果你在日常生活中遭遇雷同的情況，你希望對方能為他人設想，那就像新版本的老張一樣，你自己必須「以身作則」，先對他表露體貼之情。屆時你會發現，當你自己的心態改變之後，你說的話就會成為開啟對方心門的密碼。

當然，我在第一章裡已經說過很多次，「站在對方的立場想」是為人的體貼之情，協助你修正自己的心態，但是站在對方的立場想之外，該如何將它化為他人實際感受到的言行，那又是另一回事了。所以我以此為前提，延伸出以下幾項做法，讓你能進一步掌握執行的訣竅。

1 把「以對方為重」的要點抓出來

就如同寫作切忌冗言贅字，想要讓說出口的話到位，你就得去除不必要的枝節，以避免你的關心之情因此減損。請你將無謂的言詞拿掉，突顯「為對方著想」這個重點。原因如下：過多的解釋，讓人難以直接感受到你的善意，反而覺得你像老媽子一般囉嗦。

2 告知對方利與弊，讓他自己下決定

每個人的認知與感受不盡相同，以致人們會做出不同的判斷。想讓他知道你是真心關切，而且沒有「預設立場」，你可以先透過提問來了解對方的定義與立場，再以「為對方著想」為前提，提出自己的建議。關鍵在於，避免正面否定他的判斷。你可以運用諸如下列的句型：

「如果您問我的話，就我所知……，所以如果以這個角度來思考的話，您覺得對您會不會比較有幫助？」

「從你的立場來看，確實有難處。但假使我們這麼做的話，或許可以……，你

覺得這樣會不會更適當呢？」

也就是引導對方繼續思考，促使他重新評估自己原先的決定。不過使用這種方式的時候，口吻切忌強硬，態度則必須穩重，如此一來，對方才會覺得你可以信賴，放心地接受你的體貼，而非反過來質疑你的動機。記住，留給對方思考的空間，讓他知道你的建議是出於善意。

3 避免鐵口直斷

確實，路遙知馬力，日久見人心，但人與人相處絕非秉持著真心二字，對談交流就順暢無阻。我時常聽到人們說：「你一定要……，不然就會……」或是：「我早跟你說過了。」等等如鐵口直斷般的語句。縱使你的言語再真切，縱使你不過是一心一意地為對方著想，都要儘量避免。因為這與其說是善意，在聽眾的耳裡，更傾向於威脅恫嚇，所以他自然會感到排拒與恐懼。

我可以理解，你之所以會說這些話，是因為你內心希望對方接受你的善意，將你納為可以誠實相告的自己人，知道你是足智多謀之士。但是，請你先摒除這種念頭，並放下強迫他人接受新觀點的執念。當你能夠以開放的心胸接受聽眾的各種回應（諸如質疑、反對以及接納等等），你才能調整自己的言語，讓他真正感受到你的心意。

母親對待孩子也是一樣的道理，當孩子不斷地拍打玻璃時，與其斥責他：「你再拍，玻璃會破掉！」不如表達自己的關懷：「你受傷的話，我會心疼。」前者直接以情緒性的言語制止對方，後者則是先為對方設想接下來會造成什麼後果。兩種截然不同的談話態度，得到的將會是兩種截然不同的反應。

所以，當你和他人在交流的過程中產生衝突時，不要一味地以「你這樣做，我會……」的利己角度出發，而是換個態度，從對方的立場切入對談。你會發現，一旦你不再將自己想法強加於對方，人們非但不會拒絕和你繼續對話，更會因為你的宰相之肚，認真傾聽你的話語，咀嚼你言行裡的智慧，最後同以「為你設想」的心態回饋你。

Know-How 4

以沉默營造懸疑感，讓對方心癢難耐

多聞闕疑，慎言其餘，則寡尤。多見闕殆，慎行其餘，則寡悔。言寡尤，行寡悔，祿在其中矣。

——《論語．為政第二》

發明家愛迪生想要賣掉自己的一項發明，作為建造實驗室資金。但他並不熟悉市場行情，所以不清楚這項發明究竟價值多少錢。

「兩萬美元吧！」他的妻子也不清楚，所以她一口氣地說了個數字。

「兩萬美元？太多了吧。」愛迪生笑著說。

後來，有一名商人對這項發明相當感興趣，於是找上愛迪生。商談到最後，商人問起價碼。因為妻子這時剛好不在家，而愛迪生又認為兩萬美元的價格實在太高了，不好意思開口，所以他只好沉默不語。即使商人後來幾次追問，愛迪生都始終沒能說出口。最後，商人終於忍不住說：「那我先出個價吧，十萬美元，這個價碼您可以接受嗎？」

愛迪生大喜，當場成交。

我們可以當個事後諸葛，從這個故事中，一窺「沈默」在一場對談裡所能發揮的力量。愛迪生大概沒料到，就因為他的沉默，讓他的發明誤打誤撞地獲取高價。

美國加州大學的心理學教授古德曼說過：「沉默可以調節說話和聽講的節奏。」

《盲目》是葡萄牙作家喬賽．薩拉馬戈的一部重要作品，他以全世界的人們突然陷入荒謬的失明境地為故事背景，來傳達人類對理性的盲目。這部小說有一個很有趣的特點，那就是作者刻意剔除標點符號，在通篇文章裡，除了僅用逗號隔開敘述當中的對話，其餘常見的符號是不見蹤跡。

雖然小說相當有意思，但作為一名讀者，不可否認的，剛開始閱讀時我真的感到非常難受啊。就如同閱讀一篇沒有標點符號的文章會使人的耐心降低，倘若一個人說話毫不間斷，任何聽眾都會感覺到煩躁。而沉默就是文章裡的逗點，樂章裡的休止符。

許多人怕沉默，他們認為一時的沈默等同於冷場。於是，為避免尷尬的情緒，便拼命地以話語填充這些「空白」，殊不知是適得其反，易讓彼此產生倦怠感，演變成相看兩相厭的窘境。其實，你可以大膽地在讓沉默出場亮相，很多時候你的沉默反而會激起對方的好奇心和緊張感，進一步渴望探知你的想法，期待你開口說的下一句話。

因此，沈默或許可以說是另一種以退為進，它所形塑的氛圍，多數時勝過你的口沫橫飛。而以下就有一些訣竅，讓你在談話的過程中，將「空白」轉化為水墨畫的「留白」。

第一，對方急切地想表達觀點時，先讓對方說，然後利用這段充足的時間分析對方的論點，而且，此時你的沉默亦表示你對他的尊重，他自然會給予你相應的說話空間。

第二，對方的情緒低落時，如果你擔心自己說什麼都不對或是說錯話，沉默加上飽含誠摯的眼神，就是最佳的應對方式。

第三，雙方起爭執時。心理學家認為，沉默能使說話者冷靜下來，當肩部和嘴部的肌肉放鬆後，就能心平氣和、語言流暢，有助阻止爭吵的氛圍繼續擴散。所以，你可以停頓幾秒，仔細思索該如何向對方陳述你反對的原因，相較之下，這種三思而出的言語就不會過於尖銳。而且對方也能夠從你的沉默中得知你並不認同他的話，並以較為冷靜的態度等待你的回覆。如此一來，就能夠重新掌控劍拔弩張的氛圍，將之導向理性的交流，提升對方協調的意願。

第四，發表己見時，你可以在言及重點、結論以及轉折處，以短暫的沉默配合非語言的手勢或姿勢，來達成強調的效果。例如講到關鍵句的時候，雙眼凝視前方，說道：「也就是說，（稍作沉默）……。」說到激動處時握拳，說到難為之處時抿嘴。以沉默調節對方對言語的注意力，讓他轉而將目光移向非語言的交流，如此你就可以避免直白地言論，並且在無形中傳達你的想法。

長時間的沉默會造成極大的心理壓力，它讓你感到自己彷彿置身汪洋，無所適從，恐懼地在視線所及之處尋找可以攀爬的浮木。所以，你可以利用人類這種對沉默的排斥，向你的對談者施壓。像是文章開頭的故事，愛迪生雖是難以開口而保持沈默，卻讓商人產生諸多想像的空間，最後商人因為內心的不安焦躁而沉不住氣地喊價。

這讓我想起另一則故事，魏晉南北朝時期，曹操因喜愛曹植的才華而想廢曹丕的太子之位，轉立曹植為太子。在此之前，曹操徵求謀士賈詡的意見，但是賈詡卻不吭一聲。

「你為什麼不說話？」曹操問道。

「我正在想一件事。」賈詡回答。

「你在想什麼事？」曹操又問。

「我正在想袁紹、劉表廢長立幼招致災禍的事。」

曹操立刻明白賈詡的言外之意，於是不再提廢太子之事。

這種遲遲不開口造成的不安感，就像人們玩牌時，如坐針氈地等待對手究竟會亮出什麼底牌，或像是明明演到戲劇的高潮之處，電視畫面卻跳至廣告，於是觀眾心急如焚地等著廣告放送完畢以得知結局。

與人交談時，你若可以適當地留白，不僅能夠醞釀情緒、蓄積情感，有時候也能化解進退兩難的僵局。畢竟，沉默不一定會是「金」，但適時地沉默卻能夠將原本的鐵鍍成金，讓雙方的交流更有價值，內涵更具厚度。

Know-How 5

嘴巴甜得恰到好處，以確切的讚美擄獲他

一滴蜂蜜比一加侖的膽汁，能捕到更多的蒼蠅。

——英文諺語

法國總統夏爾·戴高樂訪問美國時，美國總統尼克森為他舉辦宴會。宴會前，尼克森夫人費盡心思地佈置了一個鮮花展臺，那是在一張馬蹄形的桌子中央，以鮮豔奪目的鮮花襯托一座精緻的噴泉。

戴高樂看出這是主人為了歡迎他而精心佈置的，於是忍不住讚嘆道：「女主人真是用心，這一定是花費很多時間進行規畫與佈置。很漂亮，很雅致。」尼克森夫人一聽，喜悅之情溢於言表。

故事中的尼克森夫人為什麼會如此開心？確實，沒有人不喜愛讚美的言詞，但尼克森夫

人如此開心的原因，絕對不僅是因為對方的一個讚美，而是戴高樂恰到好處的讚揚。一句合宜的讚揚能讓人們心情舒暢，並增進交流的意願。況且，能夠看見他人值得稱許之處，代表你擁有見識、寬大胸懷和修養。愛爾蘭劇作家蕭伯納說道：「每次有人吹捧我，我都感到頭痛，因為他們捧得不夠。」這個捧得不夠，並非因為那些吹捧的人說得太少，而是因為那些吹捧沒有「到位」。亦即，沒有捧到對方真正想要聽到的話。

然而究竟如何說得到位，這分寸的拿捏實在不簡單。當你的溢美之言千篇一律，對方就會將這些言詞當作客套用語，充耳不聞；倘若你的讚美過多，又會成為他人眼中的諂媚之人，令人厭惡。其實，像這種分寸的拿捏，就必須從心的方寸開始做起。以下有幾個方向供你依循，讓你的稱讚能夠駐進對方的心裡。

1 實話實說

言談之間，你請留意自己湧起什麼感受，留意對方給予你什麼感覺，因為當你的讚美是發自內心，你的讚美值得開口，他才會體會到你的真心誠意。

倘若你並非發自真心，自然難以掌握稱讚的程度，一不小心，可能就將一句別出心裁之言，誇得不著邊際。例如：「你的聲音真美啊，可以媲美仙界樂音。」因此，所謂的實話實說，就是讚賞他人時必須注意用詞遣句，不要使用太過華麗的辭藻，就能避免讚美顯得空洞，意外成為巧言令色之人。

2 「有憑有據」的獨特性和價值

過於籠統、抽象、虛無飄渺的話也盡量別說，例如好看、不錯、人真好等等，這些話實在無關痛癢。因此，你要立基於「事實」來說。這個事實是經由你對他人的觀察、你是否懂得欣賞他人的特質以及對方在某個領域或某個群體中的價值，一旦你將欣賞具體化，同時在你的眼中它也就「個別化」了。對方亦會因為你的慧眼獨具而感到欣喜，甚至提昇自信心。

3 不以比較性質的用語作為讚揚的開頭

所謂的比較性質的言詞像是：「我覺得你跟別人不一樣！」因為你並不清楚，

對被讚揚的人來說，「與眾不同」究竟是正面的用詞，或是暗諷他是異類的委婉說法，所以這類的讚揚引言皆應盡量避免。況且，若是將無關的旁人囊括至你的讚美之詞中，可能會落入裡外不是人的窘境。因此，你的讚美要以對方為主體，並避免將對方和他人做對照，否則一不小心，你的一番心意反倒成為彼此的芥蒂。

4 了解對方的需求

掌握時機是相當重要的一點，在你讚美之前，你要觀察對方的遣詞用句、他的態度和口氣與回應的方式等等，以得知你究竟應該如何回饋對方。因為不同時機對應的稱讚有不一樣的意義，比方說，當朋友打算參與馬拉松競賽時，你開頭的讚揚要能夠激勵他下定決心，中間的讚揚必須有益於他再接再厲，結尾的讚揚則要肯定他取得的成績。這才是有效，且雙方都能感到滿足的讚美。

5 講出關鍵語句時，你的眼睛要注視對方

如果你在讚賞對方時不夠專注，或者視線沒有和對方保持一致，就會讓聽者覺

得你言不由衷。即便你之後不斷地強調「我是說真的」，對方還是會對你的話存疑，認為你只是亡羊補牢。注視，正代表你真切的關心，透露你的言語沒有任何欺瞞，同時也是向對方表達：「你可以信任我。」如此，你的言語才能滲入他的心。

自古以來的人際相處之道都崇尚「嘴巴甜一點」，然而就跟食物一樣，甜過頭了，反倒令人倒胃厭膩。所以稱讚必須甜得恰到好處，也就是不浮誇、不諂媚，不會讓聽者覺得有稱讚跟沒稱讚沒兩樣，更甚者產生被冒犯的感受。換句話說，想稱讚對方，就不要說連你自己都不相信的虛話。法國總統夏爾．戴高樂在讚美之前，先透過觀察，將女主人為了迎接他的用心放在心裡，即便那些精緻的佈置是對待外賓應有「禮節」，但他卻帶著欣賞的心態，感激對方的付出，因此，由他說出口的讚美就甜得恰到好處。倘若你也願意以這樣的心態來看待他人的談吐與處事態度，你的讚美就會令人感到窩心，你的言談自然易被對方認同。

Know-How 6

指名道姓，給對方獨特的感受

記住他人的名字，並且輕易地叫出來，等於給對方一個巧妙而有效的讚美。

——戴爾．卡耐基

美國的鋼鐵大王安德魯．卡內基年幼時曾捕獲一隻母兔。很快地他就擁有一窩幼兔，但是他卻沒有東西可以餵養牠們。於是，他想出一個主意，他告訴同伴們，誰要是能帶來足夠的飼料餵養這些兔子，他就用這個人的名字為這些兔子命名。後來效果相當好，令卡內基一生難忘。

幾年之後，卡內基在商場上採用同樣的心理戰術，當時他想把鐵欄桿賣給某家鐵路公司，而該鐵路公司的總裁是艾德嘉．湯姆森。於是，卡內基就建造一座大型鋼鐵廠，並將它命名為「艾德嘉．湯姆森鋼鐵工廠」。之後，鐵路公司要購買鐵欄桿時，會從哪家工廠購進，應是顯而易見的結果。

不僅是生意手腕，記住工作夥伴的名字，展現自己對他們的尊重，更是他的管理關鍵，他為自己能夠叫出許多下屬的名字而感到自豪。

在一般的企業之中，因為旗下的員工眾多，老闆未必能夠記住每個員工的姓名，甚至只要能夠記住中階主官的名字就已經很不錯了，所以卡內基的用心實在是不簡單。究竟為什麼記住一個人的名字是這麼重要的事情呢？

《道德經》裡寫道：「道可道，非常道。名可名，非常名。無名天地之始，有名萬物之母。」名稱是言語的基礎，它是用來指涉真實之物，只要給予了名稱，萬物皆找到了定位，換句話說，無名者，便無異於不存在，而那些無以名狀之物則是人們難以企及的思想，是天地之始。

既然名稱是真實之物的指涉，那麼它可以說是這個世界上最短的咒語，舉凡人、事物、山川等，只要有名者，皆已受到咒的束縛。如果將名稱視為咒語，那麼能夠掌控這個咒語的人，不就能夠掌控受到束縛的指涉之物了嗎？

以卡內基的故事為例，他為了讓兔子有食物可吃，所以將兔子以餵養之人的名字來命名。那些餵養之人為什麼會持續心甘情願地養「別人的」兔子？因為當該兔子冠上自己的名字，對他們來說便有了意義與連結，於是不自覺地將其視為是「自己的」兔子。換句話說，就是那些餵養之人中了卡內基施的咒。

再進一步地以我們日常生活為例，今天你走在街上，突然有人向你打招呼，以下的三種方式，哪一種比較能引起你的共鳴呢？

「先生，好久不見！」

「林先生，好久不見！」

「林承佑，好久不見！」

這麼一來，你就能體會之間的差異了。如果對方以第一種方式打招呼，恐怕一時半會你還不知道他是在喊你呢。因為第一種稱呼純粹是稱謂，它可能代表「任何男性」，而非專指某一人。但是，當你能道出對方的姓名時，對方就會浮現「你認得我的想法」，於是你們就不再是陌路關係，而更接近於朋友，他將感到親近和受到尊重。換句話說，你同時在向對方表示「你對我是有意義的」。當你向他人表達這種意義時，彼此的關係便無形中產生連結，你所說的話之於他人，也就同時產生某種程度的相關性，而非毫不相干的言語。

假如你對記住他人的姓名感到一個頭兩個大，我在下面列舉幾種可以練習和應用的技巧，讓他人能夠中你施的「咒」。

1 注意親疏遠近

即便你先前就得知對方的姓名，也必須注意彼此的親疏遠近。有些人很不喜歡他人「裝熟」，所以，第一次見面時，最好還是以姓加上稱謂為主。面對素昧平生的人也是一樣的道理，你可以先詢問對方怎麼稱呼，並在接下來的對談中，禮貌地稱呼對方，你的親和力就不會被大打折扣。

2 複誦對方的名字

見面時，彼此會互遞名片給對方，或是口頭介紹彼此。若你擔心自己在談話過程中忘記對方該如何稱呼，你可以在剛拿到名片或是對方介紹自己的時候，跟對方說道：「是林小姐啊，您好！您好！」對方非但不會感到唐突，更會因為你願意記住他是誰而感到高興。

3 運用聯想記憶法

你應該有這樣的經驗，你忘了對方姓啥名誰，但是你卻能夠記住對方是在何處高就、長什麼樣子、做過或說過什麼令你印象深刻的事，有時候，甚至還能夠跟他人談起此人。所以你可以運用這類相關的聯想來記住對方的姓名，畢竟你總不能在和對方聯繫時，說道：「我記得你，你是那個在某某公司工作的人嘛！」

你可以將你記得的特徵、特質、談話的重點以及職務記在對方的名片上，或是記在自己的筆記本裡，方便你下次跟對方聯繫時可以參閱。如果真的一時想不起對方的姓名，你可以這麼隨機應變：「您好，先前曾與您見過面呢！請問該怎麼稱呼？」一開始就表明自己記得對方，再接著詢問姓名，對方就不會過於在意。

卡內基所使用的人際技巧看起來好像很容易學，就是江湖一點訣——記住對方的名字。不過，他卻是將這一點訣提昇至人際的相處之道，卡內基不只記住而已，還讓對方的名字擁有更進階的意義。我們於人際關係上也可以效法他這個精神。也就是你不僅是叫出對方的姓名，更要讓他人由衷地感受到你對他的尊重、善意及誠意；屆時，即使對方沒給予你立即相應的回應，你的話之於對方，也已經產生某種程度的重要性。

Know-How 7

善用場景說話，令人難以忘懷

想像是靈魂的眼睛。

——喬瑟夫·儒貝爾

《借鏡德國》一書的作者在〈大開專業者的就業大門〉一文中，敘述了這麼一個故事：

一日，一隻小老鼠因為被貓盯上，所以急忙地跑回家。

小老鼠氣喘吁吁地對牠的爺爺說：「爺爺，外面有一隻大貓守在門口，怎麼辦？」

老鼠爺爺神情若定地走到洞口，模仿狗的聲音，汪汪大叫了好幾聲，結果貓咪就被狗叫聲給嚇跑了。

老鼠爺爺回過頭對小老鼠說：「看吧！學習外語是一件多麼重要的事情。」

作者說這個故事的目的，不就是向讀者闡述學習第二外語的重要性嗎？但比起父母親與學校老師嘮嘮叨叨地在耳邊念，這個方式是不是更輕鬆有趣，而且難以忘懷呢？從故事裡小老鼠的角度，老鼠爺爺如果沒有以親身演出「狀況劇」，為小老鼠示範，想必小老鼠一定也很難理解老鼠爺爺所謂的第二外語之效用。

這是人們平日很常遇見的情況，你拼命地想要闡述一件事情，努力地搬出你所知道的各種詞彙，對方也是極力地想要理解你的意思究竟為何，彼此都感到十分苦惱，最終乾脆以「只可意會，不可言傳」做結論。沒有人對你的話留下深刻印象。

就人的心理而言，我們易將自己難以理解的事物先擱置在一旁，並歸類為「較不重要」的事項。當然，這個難以被理解的事物並非真的不重要，而是由於它們的複雜性，導致我們必須花很多時間才能理解，所以一般人會傾向於先完成相對而言更輕而易舉的事項。你可以想見，倘若你說的話被對方「擱置」處理，對方回頭再詢問你的機率就降低許多，甚至在彼此還在交談時就拋諸腦後。

臺灣的法律裡有一特殊的詞彙，涵攝。其義為將具體的事例套在抽象的概念上。由於法律的名詞很多都是概括的意思和概念，因此，當我們一遇上生活中繁雜的人際關係而產生碰撞，就必須請專業人士代為「解釋」，才能夠將抽象的法律具體化，讓當事者明白。其實人與人交談也是如此，假設你在談話中遇到需要解釋的概念，你可以使用「我舉個例子來說」來輔助你的言論，並幫助聽眾在短時間內於腦海裡浮現具體的輪廓。

如果你覺得我上述所言也滿抽象的，還是不明白究竟應該如何做，才能夠於言談中清楚地表達己意，讓彼此的交流更為順暢，你可以看看以下具體的做法。

1 說話有條理

當你的描述過於抽象，對方就必須再多花心力向你提問，探知更多你沒有提及的細節，例如：「我上個月去日月潭遊玩，日月潭很美。」那究竟是美在哪兒呢？是美在它的湖光山色，還是美在它的氤氳靉靆？所以描述要清晰具體，畢竟能夠讓人自然於腦海浮現畫面的描述，比起抽象的敘述更能引起情緒共鳴，因為他正透過你的話語，想像那片他沒見過的風景。

另外，想說什麼就說什麼，欠缺邏輯導致前後矛盾的說法，也容易讓人感到迷惑。因此，你在表達時除了要具體，還必須有條有理，讓對方能夠輕鬆吸收你所說的內容，節省彼此的時間。

第一，在述說前，請你先於腦中打草稿，並整理你想要表達的想法。

第二，你的用詞遣句要簡潔，盡量使用較短的句子。

第三，語意與其用法須準確，以免言語表達造成誤解或牛頭不對馬嘴。

2 舉例要因人而異

你必須注意揀選的具體事例和說話的選詞用字，因為一個準確合宜的例子，可以幫助聽眾立即理解，否則只是畫蛇添足，再多幾道解釋工序。你可依身份別、年齡別、對方的知識經驗和專業背景等，去揀選對方熟悉的語彙。將對方所能理解的例子和詞彙做為闡述的工具，不僅是一種貼心的表現，更暗示這會是一場輕鬆而愉悅的交流。

3 小故事大道理

自古以來，為什麼那些才思敏捷之士向君王進諫時，都會採用講故事、舉例的方式說出自己的建議或是表達自己的想法？因為他的觀點可能與君王相左，為避免正面跟君王起衝突，招致殺身之禍，於是藉助此道表明己意。所以日常生活中，當你遇到話題敏感、涉及隱私等難以言說的情況時，你也可以透過故事，讓聽眾自己從你的故事循序漸進地領會其意，即使對方不會馬上就被你說服，但故事的寓意卻已在無形中影響了他。比起會帶給他人強迫推銷之感的大道理，這種方法不是輕鬆許多嗎？

然而，所謂的善用故事，並不是一味地將大量的故事塞進長篇大論裡，想表達一個論點，就揀選一個最具代表性的故事即可，而這個故事若能精悍短小，更是再好不過。畢竟人們的注意力有限，太過冗長的故事，亦難以在第一時間達到強而有力的效果，如果反令人心生厭煩而質問你：「你究竟想說什麼？」豈非事與願違。

簡言之，善用場景說話，是指以生動的表達方式，令聽眾有身臨其境的感受，進而打動他的心。這麼說來，你不僅是要將例子與故事運用自如，還要搭配口條力度、輔助情境的抑揚頓挫、充滿畫面感的描繪，最後，就是我反覆不斷提及的熱忱心意。所以這種表達方式可算是人際交流的綜合技，你若能妥善應用，感染力不可小覷。

想說進對方的心坎裡？第一步，先鑽進對方腦海裡。

Know-How 8

拐個彎問，他的真心話自然浮現

在戰略上，最漫長的迂迴道路，常常又是達到目的的最短途徑。

——李德·哈特

一日，辦公室裏，小松正在詢問同事阿光離職的原因。「聽老闆說你要離職喔？」小松劈頭就問道。

「對啊。」阿光默默地回答。

「為什麼？是出了什麼事情嗎？」小松再問。

「沒有啊。」阿光回答道。

「我看就有，要不然你的臉色怎麼會這麼難看。」小松說道。

「每個人離職都有自己的原因。」阿光不耐煩地暗示小松別再追問。

「你說的沒錯，那你的原因是什麼啊？」小松不死心地問道。

「不好意思，我要開始忙了。」阿光說完，立即埋首於文件堆裡。

你認為表現自己的坦率，是博取信任的最佳途徑，於是談話時力求直言不諱，但是卻時常遇到像小松的情況，受到人們以冷言冷語相待。你不禁感到疑惑：「為什麼我盡力地想讓他說出真心話，但對方的心反而縮得更緊？」

因為快人快語、開門見山的交流方式並不適用於每一個人。舉例來說，有的人生性多疑敏感，你直接地提問，會讓他覺得你圖謀不軌，心生「你想做什麼」的質疑，於是他在回應時就會有所保留；有的人不具自信，你的發問只會讓他感到壓迫，更不敢說出自己的觀點，只好哼哼哈哈地回覆你。換言之，對多數人來說，「截彎取直」的對談方式之所以令人感到心裡不舒服，是因為他感受到你「探測他」的意圖。而你詢問的相關事項，可能是敏感的大眾議題、重要的心理觀點或私密的情事，所以你的問話會瞬間開啟他的防衛機制，以不拒絕你卻也不正面回應的方式敷衍過去。遇到此種狀況，你可運用以下「拐個彎問」的技巧，降低對方的警戒，讓他不知不覺地向你透露他的真實想法。

1 利用假設性的問題誘導他

你可利用假設性的提問，引導對方「站在不同的角度和立場」去思考。意即，將對方代入你所敘述的情境當中，並要求他為你所描述的角色發言。信手拈來的問法是：「如果你是他／我，你覺得應該怎麼做才好？」

又或者是，你想邀請對方出席你的活動時，對方明明說他很樂意，但卻又以各式各樣的理由表示可惜自己無法出席，而你知道這僅是對方的推託之詞，並非真心話，於是你可以善用假設性的問題，直接針對問題核心。例如：「那麼，如果這些事情都解決之後，你就可以來了嗎？」人們通常就會說出自己的真實想法，而你就可以對症下藥，排除困難。

使用假設情境，針對他提出的條件發問，通常就能得到比較接近真實的答案。這個方法尤其適用在對方不假思索就直接拒絕的情況，因為這往往都是另有隱情。當然，你的口吻以及態度必須謙遜，千萬不要一副強逼他人非吐露真話的模樣，否則僅是徒增對方的不悅，讓關係更為疏離而已。

2 醉翁之意不在酒的直白法

甲與乙的商務會談已近尾聲。甲笑著說道：「我們兩個自己談得這麼愉快，但待會兒你回去啊，你的老闆可能就對你跳腳大罵：『你給我接這什麼案子回來！』」

乙說道：「老兄，你顧慮太多了。上次的合作案我們老闆可是滿意的很。等等回去，縱使有什麼問題，我也會力保這次的合作案的，你放心！」

上述這種說話直白的方式跟此篇文章開頭的故事不一樣，發話者雖直白，但他卻是醉翁之意不在酒，因為他真正想知道的是，對方會為這個案子而盡全力，他是想從對方口中找到確定之感。即使聽眾對你的言下之意心知肚明，也不會認為你唐突而避而不答，反而願意站在你的立場，為你著想。

說白一點，也可以是一種試探，試探對方的誠意有多少、試探他願意配合的程度有多高。

3 釋出錯誤的資訊，刺激對方更正

其實這是假設性提問的進階應用，也就是預做假設，並以明確的陳述句來呈現。舉例來說，你想要知道對方的個人資訊，直接地問道：「你有幾個兄弟姊妹？」對方可能會覺得你的提問唐突，腦內的警鈴大作，質疑你的意圖。所以不妨換個方式問道：「我以為你是獨生子。」對方往往會毫無防備地說出：「我不是啊，我還有一個哥哥跟一個妹妹。」或是略帶吃驚地承認自己就是獨生子。

這種發問，正是利用人們聽到錯誤的資訊時，不自覺地會想反駁或糾正的心理。所以，與其一味地拷問對方，不如以靜制動。

4 讓大眾替他分擔責任

所謂的「責任分散效應」就是，對某一件事來說，如果你要求某個人單獨完成任務，他的責任感就會很強，並十分積極；但是如果你要求一群人共同完成任務，責任就會分散，每個人的責任感就會相對減弱，期待其他人多負擔一點責任。

而日常生活中，人們被問到內心的想法時，可能會顧慮大眾對自己的觀感，產生「我這麼說，對方會不會看不起我」的念頭，於是隱藏自己的真心。此時，你就可以善用責任分散效應。將提問當中的主詞「你」，改成「大家」、「所有人」，對方通常就會鬆懈心防，藉他人的名義說出自己的想法。

想把話說到對方的心坎上，你必須率先讓對方卸下偽裝與防備，也就是讓他說出心底話，而唯有你的提問不再具有攻擊性時，才有可能達到這個目標。換句話說，只要你游刃有餘地切換以上幾種方法，探知對方的心念就絕非難事。

Know-How 9

率先退一步，他反而不得不聽你說

軍爭之難者，以迂為直，以患為利。故迂其途，而誘之以利，後人發，先人至，此知迂直之計者也。

——《孫子兵法．軍爭篇》

蘇軾於其〈留侯論〉一文裡寫道：「古之所謂豪傑之士者，必有過人之節。人情有所不能忍者，匹夫見辱，拔劍而起，挺身而鬥，此不足為勇也。天下有大勇者，卒然臨之而不驚，無故加之而不怒，此其所挾持者甚大，而其志甚遠也。」

大意是，不論是誰都有自己無法忍受的事情，一個受到侮辱就拔劍與對方爭鬥的人不能算是勇敢，一個真正勇敢的人是，突然遇到變故也不驚慌，你無緣由地欺負他，他也不輕易發怒。可見他的志向遠大，擁有超越常人的氣度。

僵持不下的局面實在令人難受，尤其是當對談的雙方各持己見而互不相讓的時候。意見相左時，人們總是想爭個一口氣，想在第一時間強迫他人接受自己的觀點，結果最後沒有人是贏家，因為誰也不肯聽對方說。更糟糕的是，本來是朋友的兩人可能就此賠上情誼。

究竟何謂敗，何謂勝？《降苑》裡提及：「善將者，其剛不可折，其柔不可卷，故以弱制強，以柔制剛。」在這種時候，其實率先卸下裝甲、先退一步的那一方並非就是「繳械投降」，他可以說是展現柔軟的身段，運用謙讓的態度令對方折服，以達將話說進對方心裡的目的。

然而，我的意思並非要你放棄自己的原則，隨意贊同對方的觀點，而是以態度上的謙讓，先安撫對方的情緒，讓他願意平心靜氣地聽你說。

1 小不忍則亂大謀

我在第一章裡曾經提及搶話造成的效果，當你動不動就打斷對方的言論，激起他的反感，他自然也對你的話興趣缺缺，於是交流就會陷入你爭我奪的不良循環。所以你必須培養自己的耐性，給予對方足夠的表達空間。

再者，對於他人的負面字眼，也無須立刻強烈反應、急於否定對方並證明自己，因為那只是自亂陣腳。一旦你躁進，你就難以理性思考，更別說準確地掌握對方的論點，然後穩健地回覆。屆時，面對他強硬與尖銳的態度，你將無所適從。

2 待人以寬，煩惱少

《菜根譚》裡寫道：「路徑窄處，留一步與人行；滋味濃時，減三分讓人食。」

人際相處時若爭得面紅耳赤，最難受的一件事，倒不是對方沒將你的想法聽進心裡，最難受的是它為生活帶來的不平之氣。為了跟對方爭那一點芝麻綠豆大的小事，讓自己帶著怨氣返家，不僅影響自己的身心，也影響到家人的身心。

其實，人生於世並非為追求苦痛，而是尋求幸福，所以我們讀書、工作以及累積財富。然而日子過著過著，我們往往忘記自己究竟為何而忙、為何而爭執。因此，當你被一時的執念遮蔽雙眼時，趕緊提醒自己：想要擁有一段和諧的人際關係，原則必須堅持，但是有些事實在不必爭。更何況這一時的爭，未必會帶來良善的結果。

而且你會發現，若你能夠包容對方的激烈言論，待他冷靜下來之後，他反倒會為自己的跋扈感到難為情，敬佩你待人以寬的肚量，不知不覺轉而向你學習、參酌你的思想。屆時誰是贏家，不言而喻。

3 不要預設對方的立場

人與人對談時，心易躁進的其中一個原因是：擅自揣測對方的心思。

為什麼只要對方提出自己的想法，就代表他不認同你呢？就代表他刻意找碴呢？很多時候，如果你不要將對方預設為「敵對」的立場，你會發現你的觀點跟他的觀點並非完全相斥、無法相容，對方的觀點不是沒有可取之處。

當你從這個角度切入，以輕鬆、開放討論的態度去聆聽對方的話語，聚焦在雙方的言論內容時，自然可以找到你所認同的思考點。如此一來，你反駁對方的心思就會驟降，能夠平和地退一步，讚許對方「說得有道理」。當對方聽到你的這句話，防備便鬆懈下來，此時你再表達自己的觀點，不是瀟灑許多嗎？

謙和是待人處事的準則，然而你究竟該怎麼培養忍讓的修養？其實你可以透過生活裡的小事練習。首先，請你經常提醒自己「我要培養耐性」的這個目標，然後嘗試去瞭解自己所做的每一件事具有什麼樣的意義。一旦你理解它的意義之後，你對這件事的態度，就會從「我應該做這件事」轉變成「我必須做這件事」。而這種積極正向的想法，將有助於你持之以恆。這麼反覆思考下來，你就能鍛鍊堅強的意志力。

一個意志力堅強的人，即能抑制自己的衝動情緒，在對談的過程裡，不為他人所激怒，耐心地尋找最適當的時機點開口說話，從容地掌握有利的戰機。達到後人發，先人至的高妙境界。

Know-How 10

動聽的話，不妨在當事人背後說

籬笆夾一丈，沒有不透風的牆。

——《南皮縣志》

小芬剛進公司不到三個月，就遇見職場上最難防範的「小人」，也不知怎麼地，同事阿嘉就是看小芬不順眼，動不動就對她大呼小叫、向主管說小芬的不是。小芬一方面希望能夠跟對方和平相處，一方面又覺得她若是直接示好，情況說不定會更糟。

一日，小芬跟另一位同事小華閒聊起來。小華說道：「阿嘉的脾氣就那樣，你別往心裡去。」

小芬說：「我怎麼會往心裡去？我覺得阿嘉人很不錯，除了會主動關心我的工作狀況之外，我有什麼不懂的地方，她也不吝於教導我。」

小華說：「說的也是，她確實是很優秀，能力很好。」

就這樣，只要小芬一有機會跟同事們交談，小芬總會誇讚阿嘉的優點。沒過多久時間，小芬發現自己再也沒有被「小人」糾纏了，而且，只要工作上需要他人幫助，阿嘉總是第一時間伸出援手。

試想，如果故事中受人暗算的小芬不甘示弱地到處告狀，說自己有多委屈可憐，阿嘉的戒備心與競爭心會不會更旺盛？而且這種心懷怨恨的形象，是不是會破壞她在公司的人脈、地位以及形象呢？無論怎麼看，將戰火提升至白熱化的程度，對小芬來說一點好處都沒有。

人與人相處不免都會碰到憤恨難平之事，但硬碰硬地互相較勁絕非最佳的解決之道。一個聰慧的人，會選擇運用正面力量戰勝對方，也就是——讚美。所以，繼甜而不膩的讚美之後，我要告訴你在背後讚美他人的力量。

你感到困惑地問道：「倘若我是背著對方稱讚他，他怎麼收得到我的讚美？」

道理很簡單，其實這就是利用八卦的傳播力，正如同三人成虎以及壞事傳千里一般，於人背後說好話，就是將這種口耳相傳的效力應用於正面的事物，讓動聽的言語一傳十，十傳百，最後傳到對方的內心深處。雖然傳播力通常帶給人負面的印象，但它並沒有邪惡之分，端看你如何運用而已。所以，羞於直接向當事人表達好感時，不妨在群體閒聊的時候對他大力稱讚。

而這種在別人背後讚美他們的做法，比起面對面讚揚更加真誠、更讓人難忘的原因就在於心理上的反差之感。舉例來說，假如你一直認為自己跟某位女性的關係普通，從未有過多的互動，卻從他人的口中得知這位女性數次表達好感、讚賞你的才華與待人處事，你定會暗自感到欣喜與驚訝。

「原來他對我的想法跟我想的不一樣」就是這麼神奇又強大的力量。背後道人壞話，比起當面說人不是，更顯卑鄙；那麼在別人背後讚美他們，有其他人作人證，比起當面說對方的好話，更能證明你所言真切，而非客氣話。

當然不僅是動聽的話，所有訊息的傳遞都可以藉由這個管道，像是規勸的話。

假設你發現，有位鄰居總是任由自家的小狗在社區裡隨地便溺，導致環境髒亂不堪。雖然你無法忍受，但當面勸誡對方可能又傷了鄰里之間的和氣。此時，就可說道：「不知道是哪戶人家養的狗，最近總是在社區胡亂大小便，聽說最高可處以六千元的罰金？已經有鄰居受不了，準備舉發他。」如此一來，當事人就更能將規勸聽進耳裡，畢竟你沒有正面指責，也沒有指名道姓，而是留了台階給他下。

然而，正所謂以訛傳訛，想要運用八卦的傳播力，你就必須加倍謹慎，否則被人加油添醋，一片好心就成惡意。所以如果你希望能傳播正面的訊息，就要用正向且準確的詞彙表達，不留有任何模糊的空間，也就是說，「好像、似乎、還不錯」等不確定的字眼都不能使用。

再者，即便是在背後誇讚他人，都要出於真誠。因為此時的讚美不光僅是為說給對方聽，更是說給自己聽。一旦你在人們提及對方的時候稱讚他，無形之中也是在告訴自己對方擁有什麼優點，改變自己看待對方的心理。就如同這個故事——蘇東坡跟佛印禪師兩人一道散步，蘇東坡問佛印禪師說：「你看我像什麼？」

佛印說道：「你像尊佛啊。」見蘇東坡聽了很高興，於是佛印禪師反問：「那我問你，你看我像什麼？」

蘇東坡說：「我看你像狗屎。」

返家之後，蘇東坡向他的妹妹說道：「今天我贏了佛印。」並把經過說一遍。

蘇小妹說：「你哪裡贏了？人家是佛心，看你看一切都是佛；你是狗屎心，看人看什麼都是狗屎。」

你怎麼看待他人，決定你是什麼樣的人，所以我說私下稱讚對方，也是說給自己聽。只要你率先投入善的種子，他縱然有再多的負面之氣亦無從發揮，正能量因而開始循環。

簡言之，當傳言經過各方說法加油添醋之後，就形成了所謂的輿論。善於運用輿論的人，會以此增加他人對自己的好感，先放出對自己有益的風聲，讓這份好感在人群中漸漸發酵，讓更多人因此更加喜歡他，這便是反向操作「輿論的力量」後所帶來的結果。八卦會因傳遞內容不同而有不同的效果，只要在表態時盡量選擇立場明確的用語，你的心意對方一定接收得到。

第3章

這麼開口絕對OUT！

你的態度誠懇且節奏感絕佳，但為什麼總是犯小人？癥結在於你輕忽了關鍵句的力量，即刻揪出連自己都沒察覺的口頭禪，就能融化冰封的人際關係！

Out 1

「我個人認為……」

猛烈地給予建議時，人們不會忍受它，即便它是有道理的。心像是花朵；對於輕輕落下的露水它們保持敞開，但在猛烈的傾盆大雨下闔上。

——約翰・里克特

北風和太陽時常吵個不停，因為他們都認為自己所擁有的力量才是最強的。

一天，北風對太陽建議道：「我們應該找個裁判，替我們評斷誰的力量最強，否則我們無法知道真正的答案。」

「你說的沒錯。」太陽點頭附和。

此時，正巧有一位旅人走了過來，於是北風說：「這樣吧，我們來比賽，看誰能讓那個男人脫掉衣服。」

北風一說完，就卯足全力地往旅人身上吹。

因為驟起的狂風，覺得寒冷的旅人將

身上的衣物抓得緊緊的，甚至再添加一件大衣。北風見了十分生氣，卻也無可奈何。

這時候，太陽上場了，它露出微笑，散發全身的熱力。由於氣溫不斷地升高，旅人便脫了剛才增添的大衣。但太陽沒有就此罷手，它持續加溫，直到旅人終於熱得受不了，將身上的衣服一件件脫掉。最後仍無法消解炙熱感，旅人只好跳進附近的河裡，游泳去了。

對於這則耳熟能詳的寓言故事，我們或許可以從另外一種角度切入思考。為了證明自己的能耐，北風在賽事裡拚了命地想迫使旅人脫下衣物，以至於它沒能冷靜評估自己的優劣勢。結果就是適得其反，旅人為不受凍，而將自己裹得更緊。人際相處偶爾也會出現類似的情況，人們使勁地想將自己的觀念強加於他人，執著到無法冷靜地判斷自己在對談裡的優勢劣勢，於是不僅自己的觀點沒有順利地被他人接納，人際關係也輸得一蹋糊塗。

並不是只有強硬的態度，才能令他人信服。

你說道：「我的態度一點都不強硬啊，我是抱著開放的心胸向聽者表達我的想法。」

確實，很多時候問題不是在於你的態度，而是你所揀選的語彙出了錯，它背後潛藏著你沒有想到的意涵。你和同事商討事務時、你與朋友聊到政治理念時、你在社群網站上分享看法時，你的話之所以無法立即為人所接納，是因為開場的那句「我個人認為……」。

「我個人認為……」並非單純告知對方「我的想法是什麼」或「這只是我的淺薄之見」，當你一開口就吐出這句話時，它代表的更是你排斥他人之見的強烈主觀意識。於是，對談者不免往後一縮，考量再三才敢說出自己的看法，因為好似只要他一提出相左的觀點，就會引發你的反彈與批判。這種令人如履薄冰的感受，對他來說，當然是能避免就避免。

你能怪他的抗壓力低嗎？這就像面對北風時不願脫去衣裳的旅人，採取保護措施是無可奈何。在人與人的交流時，一旦對方認定你對其它意見不具包容力，他繼續對話的意願自然就大為降低，而出現顧左右而言他、微笑緘默、充耳不聞的反應。畢竟唯有如此，他才能不被你的言詞傷害，進一步維護你們之間的感情。

所以，如果你不希望因此砍斷彼此的交流，你不妨使用以下幾種方式，調整自己。

1 有這是「對談交流」的認知

「我個人認為……」這句話一拋出來，就彷彿你已經準備好要開始一場個人演說，而不是想要對等的交流，與對方交換意見。因此，在每次開口說話前，你要告訴自己：「我的主要目的是跟對方交流，不只是單方面說服他接納我的意見。我們必須了解彼此的想法和意見，最後以此為基礎，達成共識。」

你可以使用柔軟的詞彙來代替「我個人認為」，增加對方繼續對話的意願，並且樂意聆聽你的看法。例如：

「關於這件事，我的想法是……」

「既然談到這點，事實上我有不太一樣的想法，您不妨聽聽看……」

2 以客觀資料為輔助，具體地陳述

假如你手邊有文字或數據資料，你不妨以此輔助說明你的想法。例如，你可以說：「據該報導指出……」或是：「從該資料中，你可以看出……」換句話說，就是以這種較具客觀性的資料，稀釋你強勢的個人主觀。除了提高論述的可信度、增加你的說服力之外，他人也會因為你分享資料的舉動，提高進一步討論的意願。

3 以你的經驗或實例開起話題

以例子作為發表己見的起頭，也就是將「我個人認為」這句話放在例子之後，先利用實例引導對方進入你的思考邏輯之中，再以「所以我認為……」有力地總結。相較於劈頭就表達一己之見，這麼做的話，一方面能夠抓住對方的注意力，一方面也能夠塑造輕鬆的交流氛圍，舒緩對談的嚴肅感，促使雙方的談話達到預期的目標。

在這場賽事中，北風的強逼姿態與太陽的開放心胸形成強烈的對比，最後北風和太陽誰輸誰贏也是顯而易見。假如，你和他人交談時，能將自己「太陽」的那一面展露出來，你的言談自然就會去掉北風的那一份強硬，而多了點柔軟。人與人的互動就是如此而已，與其竭盡所能的控制對方，不如放手使對方心悅臣服。所以，即刻戒掉這句口頭禪吧。

Out 2

「不要。」

說出拒絕的理由時，
別忘了為未來的索要
留下某種餘地。

——阿瑟·赫爾普斯

蘇東坡與弟弟蘇轍同朝為官時的某一年，一位故人來到京師謀差事。他先是請求蘇轍幫助，但蘇轍沒有回音，於是他便轉求蘇軾。蘇東坡既沒有立刻拒絕，但也沒應允，只對他說了個故事：

有個窮困潦倒的男人，他沒有可以謀生的技能，所以就去盜墓。盜墓人挖出的第一個墓是屬於漢朝楊王孫。只見楊王孫全身赤裸地坐在墓裏，笑著說道：「你不認識我楊王孫嗎？當初我以裸葬來矯正社會上厚葬的不良風氣，所以你看我的樣子，我還能給你什麼嗎？」

第二個墓屬於漢文帝，由於他是個崇

尚節儉薄葬的皇帝，墓中也只有一些破陶爛瓦。接著，盜墓人又挖到一座相連的墓，是屬於伯夷和叔齊。見伯夷瘦如皮包骨，盜墓人尋思這裡恐怕沒有油水可撈，正想前往另一座墓地時，伯夷開口說道：「且慢，你已經看到我的這副形骸了，舍弟叔齊也和我差不多，是幫不到你的。」

蘇東坡的故事說到這裡，原本不肯作罷的故人就摸了摸鼻子，不好意思地告別了。

今日來謀差事的是同鄉的故人，蘇東坡若是明著拒絕，恐怕會落得不顧情面的罵名；若是相應不理，對方可能會繼續糾纏；若是順了對方的意，助他求得一官半職，又違反自己的意願。其實，這已經不僅是左右兩難，而是三難的事了。然而，蘇軾卻巧妙地、耐心地運用其他方式讓對方知難而退。

我們不妨想像一下，蘇東坡如果直接地以「不要」二字拒絕對方，會發生什麼事呢？恐怕他是自個兒親手把故人變成心懷恨意的小人了。因為諸如此類表達拒絕的用詞，會予人「砰地一聲」摔房門之感，讓人認為事情絲毫沒有轉圜的餘地而灰心喪志，覺得面子受損，覺得你踐踏了他的自尊。

或許你認為直接地拒絕才是有效溝通，以坦率、不拘禮節的態度回應才是真性情，你實在厭煩人與人之間的逢場作戲，但是，當對方卻因此感到自尊心受損時，你杜絕的不僅是後患，還是一段情誼。正所謂，一期一會。人們於一生裡有緣能遇見彼此是非常難得的事情，即便是萍水相逢，我們也應珍惜。

所以，當他人有事請求你之前、當對方詢問你的意願之前，先深呼吸，別輕易地讓「不要」二字脫口而出。唯有你理清紛亂的思緒，穩住你自己的情緒，才有辦法穩住眼皮子底下的任何狀況，有效地拒絕對方，又不至於對周遭的人造成無可挽回的傷害。

你可能會說道：「不過我不像蘇東坡這麼會說故事。」那麼，我在此提供幾個能夠將「直接否定」轉化為「委婉拒絕」的方法。

1 別忘記說明拒絕或反對的理由

當你不為自己的拒絕做任何的解釋時，無異於交由對方自己詮釋，因此就會滋生許多「說者無意，聽者有心」的情事。所以在你使用否定詞之後，不妨再進一步說明自己反對以及拒絕的原因。舉例來說，同事拿了點心，詢問你要不要吃。你回答：「不用了，我的午餐還沒消化完呢。」就比你只說「不用了」好上許多。

讓對方第一時間知道你確實有苦衷或是你的立場難為之處，如此一來，縱使他知道今天這件事情不會有進展，但日後倘若遇到同樣的情形，而你所遇到的困難解決之後，你說不定就會答應。這個「日後」就是再一次的交流空間，就是你為情誼留下的餘裕。

所以，你可以善用以下的句型：「我其實是持相反的立場，因為……」、「假如……的話，或許就沒問題。」

2 活用轉折語境

不希望對方繼續為難你，除了「拒絕之後說明原因」的方法以外，你可以採用「事與願違」法。也就是率先表達自己接納的意願，然後以「不過、但是、可是」等轉折語道出你的為難之處，促使對方產生同理心，紓解被拒絕的負面感受。例如同事請求你協助他的活動企劃時，你可以說：「可能的話，我很想幫你，不過我手頭的這兩個案子都必須趕在這個月完成，所以……」比起「我沒辦法幫你」就好上很多。一般而言，對方都不會繼續為難你，而且如果他真的非常需要你的協助，他就會先幫助你解決你提出的問題，然後再次請求。

3 提出反面的例子

你可以舉出反面的案例，警惕對方一意孤行的可能後果，避免正面拒絕對方。況且，藉由反面的例證，你的否決就更令人信服。但是要特別注意的是，假使你所舉的案例太過於極端，可能會導致對方認為你不只拒絕他，還在「唱衰」他，反而會招致反效果。

故事裡的蘇東坡在拒絕他人時，既顧及對方的面子，又兼顧到堅守自己理念的裡子。因為他不僅是從自己的立場斷然否決對方的提議，或是滔滔不絕地表達自己有多麼為難，而是以「他人的故事」作為引子，間接地暗示對方「我們兄弟倆都無以為繼了，實在無能為力。」所以當你解釋自己的拒絕理由時，你的言詞應盡可能地婉轉，態度要溫和，口吻要堅定。因為，若是你表明自己的立場時，滔滔不絕、唯唯諾諾或游移不定，就會讓人覺得你敷衍推託。

每個人的一生裡都不免會遇到需要拒絕他人的時候，一個不懂得拒絕，凡事只會應是稱好的人是不可能會成功。畢竟如果他連拒絕非己所願之事的魄力都沒有，他又怎麼會有成大事的堅韌呢？然而，拒絕卻不必使人難堪，只要稍微轉一個彎，就能為對方留一個情面，也為自己的未來留一點餘地。

簡明扼要的拒絕、反對以及否定，看起來確實相當率性帥氣，卻也少了那麼一點人情味。何不好好練習拒絕的技巧，掌握明快與緩慢的節奏，成為一個懂得拒絕卻還能保有人脈的「藝術家」。

Out 3

「我知道了。」

那些為了得到一時的安全而放棄自由的人，既不能得到自由也不配得到安全。

——班傑明．富蘭克林

一對夫妻為結婚五十周年舉辦派對，宴請親朋好友一同慶祝。鄰居私下詢問男主人：「你們結婚五十年了，也沒見你們吵過架，到底是怎麼做到的啊？」

男主人說道：「這就要從我們的蜜月旅行開始說起。

那天我們到英國的鄉村騎馬，中途老婆騎的那匹馬突然止步，不管她怎麼拉，馬就是不走。於是，老婆淡淡地對著那匹馬說道：『第一次。』但是馬卻沒有任何反應。

老婆又說：『第二次。』馬還是文風不動。

老婆再說：『第三次。』馬繼續啃他的草。

接著，砰地一聲，老婆開槍殺了那匹馬。

我驚嚇地喊道：『那不過就是匹馬，何必跟牠計較呢！』

只見她轉過頭看著我，冷冷地說道：『第一次。』」

男主人環顧眾人，說道：「往後我養成習慣，只要她說第一次，我就馬上說知道了。這就是為什麼我們結婚五十年卻從不吵架。」

這則故事相當有意思，沒想到揭露真相後，這對夫妻為人稱羨的原因，竟然是因為妻子強勢壓制丈夫的想法。換句話說，丈夫所表現出來的恭順，是出於畏懼強權的心態，而非真正的心悅臣服。日常生活裡，你是不是也曾發生雷同的情況呢？面對他人的絮絮叨叨、糾正指責的時候，人們會習慣地回答：「我知道了。」

「我知道了」，聽起來簡潔俐落並且順從對方，但反過來說，既然是順從，這句應付性的說詞亦代表著你壓抑自己內心的真實想法。縱使你並無其意，但只要此言一出，對方便會認為你在暗示他：「你要怎麼樣都可以」、「你開心就好」又或是「你可以不要再說了嗎」，認為你不過是因為他的強勢或者身份別，才不得不順應他的想法。

當對方產生這種想法的時候，你們彼此的心又該怎麼拉近呢？

所以，如果你能以其他的方式代替「我知道了」這句滿是無奈的詞彙，就不會讓對方心存芥蒂，彷彿你們彼此之間有太多說不出口的不得已。

我在下面列舉幾項方式，讓你不必一味地壓抑自己，導致負面情緒不斷地累積、人際關係問題叢生；讓你說出想說的心底話。

1 拋開「你就是要壓著我答應」的想法

當你認為對方是出於惡意，你自然看不見他的真心。談話的過程中，如果你一心想著：「你說這麼多，不就是要我非得同意你不可嗎？」等同於你不願去琢磨對方的發言背後有什麼樣的考量，雙方又怎麼能好好的交流，談到議題的核心呢？再者，當你產生這樣的想法時，不也自動放棄闡述己念的機會了嗎？

因此，你要先調整自己的心理，以開放的心胸先接納對方拋出來的訊息，慢慢地從「你就是在強迫我」的想法，轉變成「他為什麼對這件事如此執著」、「他為什麼會這麼考量」、「我是不是有思考不周慮之處」。只要你先站在這種角度去探索，你不僅會吸收到新的知識，你也可以找到與對方交流的訣竅。

2 讓對方得知「你知道了」的後續

想要尋找適當的方式來代替這句無奈的回應，你必須在了解對方的意圖之後，告訴他後續的處理方式。舉例來說，老闆看過你的報告後，表示他希望你往後能夠再細心一點。比起「我知道了」，你不如回答：「好，我會更加謹慎的。」或是：「細節的部份我會再注意。」

又或是，你的伴侶希望你能夠學習理財，並且執行。你可以說：「那我們一起去請教理財方面的專業人員，看看如何規劃財務比較適當。」也就是創造雙方能夠共同完成的目標，以避免自己因為單方面的接收與執行而內心不平衡。

唯有你認真傾聽並且理解對方的語意，你的回答才會具體，並能夠針對你之後會如何執行的這部分，真心簡扼地向對方說明。

3 無法完全認同對方時，以提問代替回答

雙方交流的過程中，如果你當下對他的指正與建議無法苟同，你可以善用提問，逼使對方就他的言論做出解釋。這麼做的用意是，對方一味地欺壓你時，你的提問就如同暫停鍵，讓他停下來重整自己的思緒，並與此同時，靜下來聽你說話。例如：

「如果我們沒有這麼做的話，之後會產生什麼樣的影響？」

「所以關於這件事，您覺得重點應該擺在□□□嗎？不曉得我剛剛提出的作法，有什麼樣的風險？」

「我懂您的意思了，那如果是□□□的方式，為什麼不可行呢？」

諸如此類的問法，可以讓你更清楚對方的顧慮何在，又希望你怎麼改善。當他拋出更多的訊息，你才能掌握對談的籌碼，讓對方不知不覺間聽進你的觀點，而非只能一味地隱忍。

「我知道了。」這句話具有你不想同意對方所說的話之意涵，無論對方說的話

究竟是對是錯。所以這種無奈地回應，讓人與人相處時，表面上是風平浪靜，私底下卻是腥風血雨。倘若你希望自己跟人們說話時，不再如此委屈，你就必須透過換角度思考、提問等各種方式，先理解對方的想法，然後再進一步闡述自己的想法。

站在聽眾的角度，他也不喜歡聽到這種彷彿都是他在欺負你的委屈回應。所以即刻戒掉這句阻礙人心交流的語句，練習上述的回應技巧，你們的交流就不會落入暗潮洶湧的局面。

Out 4

「是喔，那不錯啊！」

渴望受人讚美和欽佩，是一種激情，它在那些最不了解和最不關心我們的人面前表現得最為強烈。

——塞謬爾．柯勒律治

喜愛繪畫的大象想要開畫展，於是牠詢問朋友們的意見。大象先問了鱷魚：「我想要開個畫展，你覺得呢？」

鱷魚說道：「是喔，那不錯啊。」

見鱷魚沒打算再說些什麼，大象就默默地離開了。大象又問兔子：「我想要開個畫展耶，你覺得呢？」

兔子說道：「是喔，那不錯啊。」

但兔子對此沒再發表評論，大象更悶悶不樂了，牠不死心地再問了狐狸：「狐狸，我想要開個畫展耶，你覺得呢？」

狐狸說道：「是喔，那不錯啊。」

大象更加沮喪了，牠不禁心想，為什

麼每個人都沒有跟我多說些什麼呢？

貓頭鷹見大象獨自鬱悶地坐在河邊，於是飛過來關心道：「你為什麼悶悶不樂？」

大象哭喪著臉說道：「我想要開畫展，但問遍朋友們，牠們都只回我『是喔，那不錯啊』，然後就沒有下文。我覺得滿受傷的，牠們好像一點都不在意。」

貓頭鷹說：「原來是你要開畫展啊。我在飛過來的途中，看到鱷魚、兔子和狐狸正在村子的入口佈置場地，我猜牠們是在幫你張羅畫展的事。」

大象驚訝不已，連忙跟著貓頭鷹跑到村子的入口，只見朋友三人在置高處掛上一塊紅布，上面寫著：藝術家大象的畫展。

為什麼故事裡的大象在聽到朋友們的回應時，會如此沮喪？原因在於，他們當下並沒有考慮到大象的興奮、期待與不安之情，他們忽略了大象的心理需求。從大象的角度來看，就變成朋友們並不在乎牠想要開畫展這件事。雖然後來證實，朋友們是關心這件事情的。

通常，當有人分享訊息時，人們在不知道該如何回應對方的情況下，都會不自覺地以「是喔，那不錯啊」作為回應，因為這是最保守無害的認同方式。然而，這句話聽在對方的耳裡，其實隱含兩個訊息：你不予置評以及不願參與。換句話說，這種回應意味著你沒有替他感到高興，沒有認真地去感受對方的喜悅，並非真心想要了解更多訊息，所以敷衍了事。

或許你跟故事裡的動物們一樣，沒有這個意思，但是卻無意間帶給對方「自討沒趣」的感受，他當然不願意再繼續說下去，也不知道該如何說下去。其實只要注意幾個小地方，你在對談交流時，就能夠針對他的訊息內容回答，並且給予對方繼續分享喜悅的動力，而非詞窮地讓「是喔，那不錯啊」這句話成為終止對話的句點，令聽者的心情大受影響。

1 善用問號

「是喔，那不錯啊」是為了表達自己的鼓勵與認同，同樣是傳達為對方感到高興的語句，你要注意自己的回應會不會害對方不知如何說下去。所以，以問號代換驚嘆號是個不錯的選擇。以開頭的故事為例，大象分享自己開畫展的想法時，朋友們可以如下回應：「真的嗎？真是替你感到高興！你怎麼突然有這樣的念頭呢？」

如果你已不小心脫口說出「是喔，那不錯啊」，請你不要就此住口，只要你再表示自己有意願聽下去，就還不至於為時已晚。例如：「是喔，那不錯啊。但這代表你要開始忙碌了！」又或是：「是喔，那不錯啊。你打算什麼時候出發？」

2 仔細玩味這個訊息帶給你的感受

當他人向你分享訊息時，請你試著探索你對這個訊息的想法，以及設想這件事情倘若是發生在你身上，你會作何感想。因為只要你針對訊息的內容做回應，針對這些感受作發言，你的回應就會具體而明確，詞彙亦富於變化。

例如，同事告知你：「我的提案終於獲得老闆的賞識了。」與其回答：「是喔，那不錯啊。」你可以這麼說：「太好了，你的辛苦終於有了回報。」或是：「你終於有機會發揮你的創意了。」

3 提出自己的看法，以增加參與感

你必須去傾聽對方的「言下之意」，去了解他的真實需求，比方說，他純粹只是分享資訊，還是對這項資訊感到不安，所以想要尋求你的建議。如果你無法立即判別，你可以提出自己的看法，增加自己的參與感，讓對方知道你在乎這一件事。

例如，當朋友說他想籌辦活動時，你可以問：「那你的場地找好了嗎？」「你的活動主題已經想好了嗎？會以什麼樣的方式進行呢？」「似乎得花上一筆不小的費用呢，你開始籌資了嗎？」

藉由諸如此類的提問，不僅可以讓對方把話接下去，也可以進一步了解他的需求，讓對方覺得自己受到重視。

4 如果你單純是因為怕得罪對方

部份情況是，你並不認同對方的做法，但又擔心說出自己的心底話會掃了他的興致。在這種時候，你該如何說實話，又不失禮、不得罪對方？請你徵求對方的同意，再開口。比方說，你可以問道：「看你這麼高興，我不曉得說出自己的想法恰不恰當？」又或是：「我的想法和你有些不同，說出來可能會壞了你的好心情，希望你別介意……」如此一來，因為感受到你的貼心，對方也比較能夠平心靜氣地接受你的看法。

在篇首的故事裡，大象顯而易見地是想要獲得朋友們的鼓勵與讚揚，因此牠的失落與難過就是來自於沒有聽到預期中的回應。如果大象的朋友們能夠在牠提出構想時，展現多一點的好奇心（例如為什麼會想開畫展），或者多加詢問大象對於畫展的規劃，大象的感受就會截然不同。而且這些談話內容，絲毫不會減損牠們的心意，也不會降低大象發現朋友們為牠準備一切的驚喜與感動。

你會發現，當你戒除「是喔，那不錯啊」的口頭禪，並學習以正向具體的回應延續對方的喜悅、增加自己的參與感之後，你的生活將日益精彩，心靈亦感富足。因為愉悅的人生，是由周遭人們的快樂與你的用心交織而成。

Out 5

「好啊！沒問題！」

由，誨汝知之乎？知之為知之，不知為不知，是知也。

——《論語・為政第二》

楚國的市集裡，有一名賣盾又賣矛的小販。為了趕緊將商品賣出去，他誇大其辭地叫賣。

「各位看官，請瞧瞧我手上的這塊盾牌，它的質地特別堅固，任憑您用多麼鋒利的武器也不可能戳穿它！」小販舉起手中的盾，對過往的行人大肆吹噓。

行人果然因為這一番話而紛紛圍攏。

接著，小販又拿起靠在牆上的矛，繼續誇口：「諸位豪傑，再請看我手上的這根長矛，它的矛頭特別鋒利，可是千錘百煉而成啊，不論您用如何堅固的盾來抵擋，也會被這矛戳穿！」

過了一會兒，人群中有個聲音喊道：「你剛才說你的盾堅固無比，什麼矛也無法戳穿；你的矛又是鋒利無雙，什麼盾都不可抵擋。那麼如果用你的矛來戳你的盾，結果又將如何？」

小販漲紅著臉無言以對，只好趕緊收拾矛與盾，逃離市集。

這便是「以子之矛，攻子之盾」的由來，意指利用對方自己的言論來駁斥他。這名商人為將矛與盾推銷出去，利用誇大的言詞吸引人群，並且現場示範商品有多麼厲害。確實，他成功聚集眾人的目光，但在此之前，他完全沒有考量到自己的言詞套用在產品上，其實是扞格不入。我想要點出的，就是這種不經思考的言行舉止，導致人們自食惡果。

在日常生活中，人們常說的口頭禪「好啊，沒問題」就會產生類似的後座力。你可能認為這是一種令聽者安心的保證，多用無妨，然而這句快人快語，卻隱藏了你沒有意識到的危機——它代表你很樂意承擔責任，不過你真能承擔嗎？

人與人相處時，如果你不加思索就對人拍胸脯保證，無異於楚人把矛與盾的功能說得太滿的愚蠢行徑。正所謂，量力而為。知道自己的能力有多少，能完成什麼程度的任務，是非常重要的一件事，因為這關乎你的信譽。我換個角度來講，你就不難理解了。

試想，如果你交代對方一件事，對方第一時間大方地回覆你「沒問題」，日後卻告訴你「很抱歉，結果我做不到」時，你下次再與他溝通時，會不會對他的保證存疑呢？會不會認為這個人總是言過其實、說話不負責任呢？當對談失去實質的效益，其實談話也就失去意義。

你百分之百的保證，並不一定能為你贏得百分之百的信任，中間牽涉到你是否真的能實踐那百分之百。所以我的意思並非你不可以向他人掛保證，而是掛保證之前，應該經過思考與衡量，以避免快人快語的弊病。畢竟，若是你不了解自己所能，卻滿口應是，那並非真自信，而是缺乏判斷情勢的能力。

我列出以下幾個注意事項，協助你拿捏思緒與發言之間的餘地，讓你日後能夠兌現自己的諾言，建立人際之間的信任樞紐。

1 控制嘴巴的速度，等待思考跟上

在你急著回答對方之前，請你先思考幾秒。以「我必須先了解此事的實際狀況」、「我得先衡量手邊各項事務的進度」等用語，請對方給你一點時間，然後逼迫自己在回覆對方之前轉動思考的齒輪。

首先，你要問自己：我是不是真的理解對方的請求了？

接著詳加評估：我若是承擔之後，會遇到什麼樣的風險與困難？執行這件事，我需要哪些資源與能力，而我目前握有多少資源，執行時可以調動的後勤又有多少，可以承擔的風險有多少。

當你以此原則衡量自己的勝算和損益，然後視狀況告訴對方你能力所及之處，你才會是一個自信心與能力相符的人，是個能夠運籌帷幄，取得成功之人。

2 練習拆解難題，並提出正確的問題

執行任何工作項目、舉辦任何活動都有一定的風險，我們所能做的就是盡己所能地降低風險。請你在滿口答應對方之前，不僅是拆解他拋給你的任務，並列出自

己在執行過程裡可能會遇到的難題，此時你更要針對這些難題向對方提問、提出預設的解決之道。這麼做的目的是，漸進式地告知對方你的勝算與疑慮，保留處事的彈性。

3 建立正確心態：信用比面子重要

你急於拍胸脯表示沒問題，很多時候是愛面子的心態在作祟，你希望對方對你豎起大姆指，讚賞你的能力與魄力，不過，像這種要面子的回應極可能引發你的信用危機。

切忌目光短淺，你必須顧及到雙方日後的交流互動，永續經營你的人際關係、培養你的人脈。因此一時拍胸脯保證，可以說是相當划不來。如果你仔細地評估後，確認自己無法接下對方的請託或提案時，你定要向對方說明你的顧慮，然後婉拒對方。免得落入挖坑給自個兒跳的窘境。而且這有助於扭轉你口出妄語的浮誇形象，因為當你真的願意接受對方的請求時，對方就會知道你是經過縝密的思量，在對方心中，反覆幾次實現諾言的你就非常值得信賴。

別讓「好啊，沒問題！」成為你斷送信用的關鍵句，令你變成有勇無謀之徒。答覆對方之前，多加思考該如何回應，才能讓自己的執行力成為擄獲對方信任的利器。因為當你們之間的信任是經過千錘百鍊，這段關係就將穩固長久。

Out 6

「我和你溝通一個觀念……」

決不要陷於驕傲。因為一驕傲，你就會喪失客觀的準繩。

——伊凡．巴甫洛夫

聯強國際的執行長杜書伍在某次的訪談中提到，對強勢的領導人而言，等待員工成長的過程裡，會「口很癢，手很癢」，但是領導人自己定要收斂，他必須忍住心煩技癢之感。因為一間企業若已經有完善的制度，領導人還是強勢行事，無異於揠苗助長，所以領導者要將手插在口袋裡，培養給屬下空間與時間的耐性，等待他們自己趕上來。

杜書伍舉例說道，當他發現屬下的作法稍有偏差時，他不會立即開口，而是會等到對方走得比較歪斜時再說。這麼做的原因是，他希望對方能有自覺，修正後再走回來。

還有另外一種情形，就是領導者要改變「他人問，你就答」的作法，因為這會讓對方養成依賴的習慣，致使他無法獨立思考。所以，領導者必須先問對方有沒有想法，再跟對方說：「等你想好了，再來跟我談。」

雖然杜書伍於訪談裡是針對領導者發言，但這其實可以套用至任何作風強勢的人身上。作風強勢之人總是會不自覺地想要掌控任何事，小到他人處理事情的方法，大到控制事件的發展，更甚者，極盡全力地導正他人的觀念。

他們對自己想要干涉的事情極具自信，因此通常也對無法立即跟上腳步的人缺乏耐性。這種一定得掌控萬事萬物的心態，背後潛藏著不安全感；他們必須藉由下指導棋的行徑，確保所有人事物依照他的計劃進行，以取得安心的感受。如果你和他人對談交流時，常常脫口說出「我和你溝通一個觀念」這句話，那就要特別注意，並且自省。因為你的「溝通」並非真的溝通，你的「溝通」是要求對方按照你的觀念過活。

對談交流時，當你毫無避諱地指導他人的所思所想，就彷彿跳過開放討論的過程，直接對他的腦袋伸出「魔爪」，強行介入對方的思緒之中，因此觸及對方的敏感神經，引發緊張不安的一連串負面感受。而這種情緒波動造成的心理壓力，就容易引起衝突，讓人與人之間的距離漸行漸遠。

從語言的角度舉例，這類的行為就是「命令句」，當人們直接告訴你該怎麼做的時候，對有獨立思考的人而言，就會不自覺地繃緊神經，覺得一肚子火。而這也是為什麼孩子長大、擁有自己對事物的見解之後，會那麼容易跟習慣發號司令的父母產生摩擦。

所以，你必須認知到，像這類單向的決定與命令，即使內容正確無誤，聽者也會產生抗拒心理，而你就容易樹敵。如果你能將對話時的姿態放得柔軟些，誘導對方說出自己的所思所想，那才是溝通的力量。想要改變「脫口跟對方溝通觀念」的態度，建議你從以下幾個方向著手修正。

1 釐清自己渴望「溝通」的原因

請你們心自問：為什麼你想和對方溝通一個觀念？是對方為人處事的觀念冒犯到你了；還是你單純覺得自己的觀念最恰當，所以為節省雙方相處磨合的時間，你希望對方立即接受；抑或者他的觀念對整個團隊造成什麼影響？是否干擾到你的工作與生活？

在你開口和對方溝通之前，你必須釐清箇中原因，然後再針對它開口，而非單純地以一句「我和你溝通一個觀念」開啟談話。這種模稜兩可的用詞，無法讓人第一時間了解你的用意，反而只感受得到你的強勢。

2 先了解對方的觀念與接受度

很多時候，對方並非真的一無所知，只是他最後選擇信奉的觀念不同。所以，為避免對方認為你是在批評與指正他的觀念，產生不必要的衝突。你可以先弄清楚對方的觀念，以及此觀念形塑的原因，然後探詢他對其他觀念的接受度有多高。例如雙方正在討論理財一事，你先問：「不知道您的理財觀念是？」

再問：「所以您的理財觀念是來自於……？」
最後提出：「那不曉得您對□□□有什麼樣的想法？」

3 你的聽眾不一定得接納你的觀念

假如你不抱著對方非得要接受的心理，那麼你所表現出來的態度就會傾向於商量，你會使用溫和但具自信的肯定語句。而當你給對方行使自由意志的權利，就會提升他的聆聽意願。例如：「關於行善，有另一種價值觀，您不妨參考參考。」
因為你的心態已經調整，即使對方不接受你的觀念，你也不會因此而感到挫折與憤怒。

4 向對方說明修正觀念之後帶來的效益

當對方覺得你是為他著想，他就能夠聽進你想灌輸的觀念，漸漸地改變他的想法。例如：「不過這樣的財務觀，潛在的傷害似乎不少，比方說□□□的情形，就對你相當不利。」

5 不要把所有責任歸咎於對方的觀念

當傷害已經造成，事情已經發生之後，不要直接將失誤的原因歸咎於對方的觀念，例如：「就是因為你的這種想法，所以事情才會落入這般田地。」如此說法，等同於全盤否定對方的人生價值觀，是一種惡意的攻擊。

此時，真正有效益的溝通，應該是雙方針對事情做檢討與共同擬出改善的方法，過程中，對方也能夠因此校正自己的觀念。

面對他人毫不留情的指正，一開始人們可能會被這種強勢的作風震懾，然而經過長期的相處之後，這種因心癢而插手的情況，就會促使他人心生厭惡而逐漸遠離。所以，當你下次又想跟他人「溝通觀念」時，先想想自己究竟是為什麼想溝通、又是否真的有溝通的必要，只要適時地轉變鋼硬態度，再遵循上述要點去修正，相信對方其實很樂意聆聽你的指導。

Out 7

「不是我愛生氣！」

我喜愛可以在困境中微笑，可以從憂慮中聚集力量，並經由反省逐漸變勇敢的人。

——湯瑪斯・潘恩

一日上午，老薛開完主管會議後回到辦公室，他冷冷地對底下的組員說：「待會兒換我們開會。」

見薛組長臉色難看，兩名組員在內心大喊不妙。果不其然，小組會議的一開始，老薛就炮火猛開。老薛吼道：「你們是怎麼搞的！這個月的業績難看成這樣！你們看看B組他們的業績表！不是我愛生氣……」

組員甲和組員乙噤聲，大氣都不敢喘一下。老薛見二人默不作聲，繼續罵道：「剛才你們沒聽見長官說我們這組有多無能，你們覺得我不應該生氣嗎？還是你們以為我想生氣？覺得我只是愛對你們發火？回去徹底檢討問題出在哪裡，待會兒我就要看到你們的企劃。解散！」

回到座位的兩名組員開始竊竊私語。

組員甲抱怨道：「什麼嘛，都把責任推給我們。我們的計劃執行難道就沒經過他的批准嗎？」

組員乙附和道：「就是啊，說什麼不是他愛生氣，他這個人本來就愛生氣了。」

故事裡的組員甲點出了「不是我愛生氣」這句口頭禪背後的意涵。當你說「不是我愛生氣」時，意指「我之所以生氣，並不是因為我喜歡生氣，而是你們逼得我不得不生氣」，也就是將所有的責任都歸屬於對方。面對喜歡以這句話將責任推得一乾二淨的你，聽者自然是滿肚子的不悅，縱使他本就必須對此事負起責任，他也會站在對峙的立場，指責你的不是。

為什麼在人與人相處時，你會不斷地強調自己並非脾氣爆躁呢？

當然，時常將「不是我愛生氣」掛在嘴邊的人，定是時常發怒。但一般而言，你之所以會努力地傳達自己並非愛生氣，是因為你知道礙於自己的脾氣，你的人際關係與溝通極不順利。所以只要察覺到人們不願意提出自己的想法、說話吞吞吐吐以及能躲一時就躲一時的神情時，你就想以這句話拯救自己臭脾氣的形象。沒想到，卻彷彿陷入泥淖之地，讓情況變得更糟。

一個任由脾氣爆發的人會帶給他人以下兩種印象：第一，此人的情緒管理能力不佳；第二，他會找很多理由，令人往往無法理解他生氣的重點何在。然而，光是要求你戒掉「不是我愛生氣」這句口頭禪，一味地壓抑自己的怒氣，也有礙身心，所以重點應該放在學習情緒管理。

以下我提供五個步驟，協助你合理地表達自己的怒意，將怒意轉化成正能量，維持彼此的對話橋樑。

1 重新找回機敏的大腦

想要學習駕馭脾氣，你就必須找到與它和平相處的方法。在發脾氣之前，請你先深呼吸，調節自己的氣息，沉澱當下的情緒。透過這一個簡單的舉動，你就得以緩解生理的緊張與激動，放鬆緊繃的肌肉，更重要的是，這麼做能讓你負載過熱的大腦冷卻下來。而唯有重新找回理智，你才能看清事情的真相，機敏應變。

2 你為什麼生氣？

稍微冷靜下來之後，你可以追究自己感到憤怒的原因，並且針對這項問題去研擬解決之道。舉例來說，從事服務業的人們時常會遇見「奧客」，但總不能一天到晚為這種客人，影響自己的情緒。所以首要任務是尋找溝通技巧，主動出擊，而非被動地等待情況再次發生。

在篇首故事裡，老薛憤怒難耐的原因究竟是長官說話難聽，還是他也認為組績效不佳？如果是後者，他氣得是組員，還是在氣自己？唯有找出自己憤怒的真正原因，他才能對症下藥。否則在弄混對象和前因後果的情況下，旁人會覺得這傢伙脾氣發得莫名奇妙，自己成了受氣包。

3 對事不對人

怒氣沖沖的人最難以掌握的一點就是——明明想針對事情來說，卻將炮口對著人。例如，當你責備他人時，原本應該這麼說：「這件事怎麼會這麼處理！」結果卻變成：「你這個人做事怎麼會這個樣子！」

從聽眾的角度來看，他非但無法理解究竟該如何改善，還會認為你對他有意見，於是雙方的關係就此產生裂痕。所以當事情發生後，你可以憤怒指責對方，但是你也要點出是哪裡出錯，為什麼這麼做不對以及如何改善。這才能達到讓對方檢討並改過的目的。

4 指責時，要採取三明治策略

所謂的三明治策略，是由美國人際關係學大師卡內基所提出，它的結構是「讚美＋責備＋讚美」。卡內基指出，直截了當的斥責會傷害部屬的自尊。聰明的做法是，先肯定部屬的表現，再指出他的缺失，最後提出改善的建議。如此一來，部屬就不會因為受到責備而沮喪，反而擁有改善自我的衝勁，把事情做得更好。

5 透過自問自答，撫平情緒

除了從理性層面解決憤怒的問題，你也可以關注自己的心理層面，反覆地詢問自己：「我一味地生氣，情況會變得更好，還是更糟？」以及：「如果我不生氣，問題是否就無法解決？」

當你盛怒時，不斷地以這兩句話省思，你就能夠降低自己的火氣，並從憤怒的情緒之中擠出空間思考：除了對他人生氣以外，一定還有其他的解決方式。

研究指出，生氣至少有兩種好處：

第一，生氣讓你更專注，當你很生氣的時候，你會非常專注於眼前的那件事，那就是害你生氣的罪魁禍首；第二，生氣讓你有信心，當你的怒氣爆發時，腎上腺素就會急劇分泌，強化你的感覺，點燃你的行動力。所以說，生氣並非完全是負面的能量，只要運用得宜，它可以讓事情更加順利。

其實故事裡的老薛是想要讓組員了解業績還有待加強，並希望組員能夠以此警惕自己，然後想辦法提昇業績。但他卻讓無法控制的怒火阻礙組員理解這件事，破壞友好的主管部屬關係。所以，在交談的過程裡，當你覺得自己沈不住氣時，試著調節呼吸的節奏、平復情緒，然後揪出自己發怒的真正原因，並想辦法解決當前的問題。一旦你學會先解決問題，再去追究責任歸屬時，「不是我愛生氣」這句話幾乎就不見蹤跡，你的人際關係就不會陷入負面的迴圈。

Out 8

「我很了解你的心情。」

子非魚，焉知魚之樂？
——《莊子・秋水》

一日，小林和阿輝相約敘舊。談話的過程中，阿輝發現小林動不動就唉聲嘆氣，於是他問道：「你今天是怎麼了？簡直就是林黛玉。」

小林說：「也沒什麼啦，只是跟我太太鬧得不太愉快。」

阿輝問道：「發生什麼事了？」

小林忍不住宣洩道：「我太太簡直就是虐待狂，我一整天工作下來已經很累了，回到家還要求我做東做西。我跟她說，我不想再開車到那麼遠的地方買一件小東西，她就發脾氣，說不過就是叫我開車而已，又不是叫我走路去。她以為開車就不需要精力喔？」

阿輝附和地說：「你的心情我懂、我懂！她們就是這樣啦，像我……」

小林不悅地說：「什麼你懂？你又不是我，怎麼可能了解我的心情！」

見小林反倒更憤怒，阿輝急忙道歉。

故事裡的阿輝原以為分享自己類似的經驗可以安慰到小林，沒想到讓小林更加爆怒，簡直就是火上澆油。小林憤怒的原因何在？在於阿輝「我很了解你的心情」這句話後面的自以為是，所以小林產生「你又不是我，怎麼能夠了解我的處境」的排斥感。對阿輝而言，小林的盛怒也相當莫名奇妙，因為在他的想法裡，表達自己了解他的心情，意味著感同身受，明明是很體貼的行為。

「我很了解你的心情。」這句話乍聽之下飽含同理心，其實卻隱含妄下結語的意味。換句話說，當你草率地替對方的感受下結論，對方就會認為你以先入為主的想法，將自己的感受套用在他的身上。況且，既然你可以理解他的感受，對方是該繼續講，還是就此住口？最後的結局就是：你得罪了他。

因為他沒辦法痛快淋漓地說出心底話，下回遇到你的時候，他就不會談地那樣的深入。所以，當你想要傳達自己對他的遭遇感同身受時，請你先問自己：「我是否真的理解對方的處境？如果不是，我是否只需點頭表示同情即可？」其實比起「我很了解你的心情」，適切的安慰方法還有很多，而你只要遵循以下四步驟，對方就能真正地感受到你的貼心。

1 展現傾聽的能力

當他人吐露心聲時，你首先必須做的事就是，展現出你的傾聽能力。請你專注於對方的言談內容，視線與對方保持一致，並於對話的過程裡適度地以「嗯、是、沒錯」等簡短用詞回應，表示自己的思緒正在跟著他的思緒在走。

2 不是表達你的理解，而是表達你很願意去理解

即使你再怎麼設身處地，你畢竟不是對方，無法像當事人體會得那樣深入。因此，你只要表達自己願聞其詳的態度即可，讓對方持續向你釋出更多訊息。例如：

當對方傾訴到一個段落時，你可以說道：「原來你是因為這樣才感到這麼生氣啊。」又或是：「那麼之後發生什麼事呢？」

3 針對他的狀況做出回應

假設你已經得知對方所遭遇的事情，那麼與其急著表達自己能夠理解他的情緒，不如直接針對言談內容做出反應，避免以你的主觀想法理解對方的話語，而對方也不會因此誤解你的心意。以下提供幾種類型的反應供你參考：

第一，解釋型：人被負面的情緒籠罩時，很難理性地思考，也容易模糊事件的焦點。所以你可以試著協助他釐清前因後果，為他建立一套說法，解釋當前所遭遇的情況，這也有助於對方理解他之所以情緒低落的原因。例如，你可以說：「所以他這麼做是因為□□□嗎？也就是說，你會這麼生氣是因為□□□嗎？」

第二，支持型：每個人遇到不順遂的事情時，總希望旁人能夠跟自己站在同一陣線，這時候跟著對方一起開罵，就能夠舒解和安定他的情緒。例如，你可以說：「他怎麼會這樣說？換作是我，我也會很生氣！」

第三，探索型：藉由反問對方所描述的狀況，協助對方在被情緒嚴重干擾的狀態下，換個角度思考，跳脫原本的思路泥淖。例如，對方埋怨長官總是交付他一大堆事務時，你可以問：「他為什麼只把事情交給你做？其他人的能力是不是不及你？他真是依賴你啊！」

4 以具包容性的言詞回應他

諸如「現在還是感覺很糟嗎」、「說出來之後，你的心情好一點了嗎」、「目前好像沒有我能幫上忙的地方，但如果你需要我的幫助，隨時可以跟我說」的言語，對他人而言，就像舒服的冰敷，能夠緩和他的情緒。即使你並非很了解對方的狀況，他也會感到安慰，並願意繼續與你談下去。

《莊子．秋水篇》的〈魚樂之辯〉一文記載：

莊子和惠施在濠水的橋上，看見橋底下的魚悠游的模樣。莊子說：「魚兒游得如此從容自在，真是快樂啊。」惠施問道：「你又不是魚，怎麼知道魚感到快樂呢？」莊子回答：「你又不是我，怎麼知道我不知道魚感到快樂？」惠施又回：「我不是你，我當然不知道你的想法；同理，你也不是魚，你當然也不會知道魚怎麼想啊。」

所以你又不是當事人，如何能夠得知他的感受如何？

當你不自覺地將自己的感受和想法投射在對方身上，然後脫口表示自己理解對方的感覺時，你就忽略了你和他畢竟是不同的個體，所以即使你們有相似的經驗，彼此的感受也不可能完全相同。如果你能夠認知到這一點，就會尊重他人的獨特感受，而和你的交流則會如同天降甘霖般舒適，如同服用一帖藥到病除的良方。

Out 9

「你知道嗎……」

好炫耀之人為明哲之士所輕視，為愚蠢之人所羨慕，為諂佞之徒所奉承，同時他們也是自己所誇耀之言的奴隸。

——培根

陳桑和林桑同屬一間公司，但是任職於不同部門。兩人的關係一般，話卻還算投機。這天，他們在公司的餐廳相遇，於是聊上幾句。

話說到一半，陳桑忽然提到：「對了，你知道嗎？之前公司不是辦了一個活動？其實很多人都覺得不是很理想，我也覺得滿無聊的，節目內容很老套。」

林桑一聽，表情變得相當難看，但陳桑沒有察覺，還是自顧自地說下去。林桑終於受不了，開口說：「那我真的對公司同仁感到很抱歉，因為那個活動是我們部門策劃的，我本人也是策劃小組的一員。」

陳桑尷尬的不得了。

如果你是林桑，當陳桑興奮地透露他的「小道消息」時，你的臉上是不是也出現三條線？

「你知道嗎」這一句話代表的是，我知道一件你所不知道的事，而我想要與你分享。它並非真的詢問對方是否知道這件事，因為你可以發現，人們說這句話的時候，不會停下來等待你回應，而是接著將自己想要分享的事情講出來。

它就像在辦公室裡小聲地跟同事「咬耳朵」，訴說他人的小秘密，在拉近關係與增強熟稔度上，非常好用。只是用得不妥當，就會像陳桑一樣栽了個跟斗，甚至讓人懷疑你的人品，覺得你喜愛道人是非，因為當對方不認為你們之間的關係已經進階到可以講「小秘密」的地步時，他會懷疑：「你跟我講這件事的目的是什麼？」於是，對你產生防備之心，以免你哪一天也會將他的事情傳出去。

再深入剖析，雖然你不是明目張膽地向對方表示「我掌握其他人所不知道的情報」，但是會飄散出「示威」或者「炫耀」的意味。正是這種心態牽動對方的敏感神經，讓他暗自劃出一道分別彼此的人際界線。你可以從以下幾項要點著手，戒掉具有道人長短的負面開場白。

1 直接陳述狀況

直接地將你所看到的事實陳述給對方即可，無須以「你知道嗎」開場，也不必使用無謂的形容詞與猜測。例如：「公司預計在年底前擴大營業耶！我剛才在一樓玄關看到大批的徵才公告。」就比下面這種說法來得好：「你知道嗎？公司好像預計在年底前擴大營業，我剛才在一樓玄關看到大批的徵才公告，不知道到時候人事會怎麼安排。」

前者，對方只會認為你在分享所見所聞而感到親近；後者，就會予人營造謠言之感，縱使你並沒有說任何一句謊話。

2 盡量不要分享獨家消息

如果你想要分享的事情不為他人所知，屬於較為機密事情，你就必須更審慎地考量。例如，只有該部門的人才知道的內幕，或是他人只對你一個人透露的等等事情，都不可以說。最好避免成為他人的消息源頭，即便你跟對方的關係較為親密，你非常信任他也是一樣。因為意外每天會發生，他可能會不小心說溜嘴，或是展現出怪異的行為舉止而受到懷疑。屆時，你不只是害到他，你也會招致千夫所指，評價一落千丈。

3 注意對方跟你的親疏遠近

倘若你真的很想分享消息，不說出來不痛快，覺得心靈的負擔很重，那麼你就必須注意你跟對方的親疏遠近。如果是在職場上，判斷的準則是：你們是否有競業關係？不同部門的消息不外傳，不同層級的消息不上傳也不下放。尤其是牽扯到商業機密與部門的策略時，要格外地小心謹慎。

對方的性格與人際關係也是一個判斷的標準。他是可親性高、做事一板一眼，還是交際手腕高明的人？

職場的八卦別在職場說，回家當茶餘飯後的話題還可以；家裡的事別向親朋好友說，以免他人覺得你挑撥離間，或是對你的家人做出不公允的評價，但在職場上講點家人的趣事，可以拉近同事之間的距離。

這些「個人情報」運用得宜，在眾人眼中你的生活是多采多姿，但只要一失足，你就會成為人人懼怕的小人了。

文章開頭的故事裡，陳桑一心只想要分享自己的消息，於是沒有搞清楚狀況就向林桑提起這件事，還附上負面的評語。兩項因素加起來，難怪他讓人感覺是在「說三道四」。當你興致勃勃地想告訴對方某件消息時，請你想想這個故事，先別那麼快地脫口說出「你知道嗎」。

「你知道嗎」代表你想要傳達一件他人不知道的事，你想要談談自己對這件事的感受，所以你必須先搞清楚該事件的脈絡，並判斷你的訴說對象與你的關係，才能夠避免讓自己的「分享」淪為「流言蜚語」，達到正面的交際效用。

Out 10

「你的氣色看起來不太好。」

放縱自己的慾望是最大的禍害；談論別人的隱私是最大的罪惡；不知道自己的過失是最大的病痛。

——亞里士多德

今天，菜鳥琳達要向客戶簡報，所以她一早就來到公司，並在電梯間遇到了同事小張。小張向琳達打招呼：「早安啊，琳達。」

琳達回應：「早安。」

小張看了看琳達，說道：「欸？你的氣色怎麼看起來不太好？」

琳達皺起眉頭反問：「有嗎？」

小張說道：「有啊，你看起來非常緊張的樣子。」

面對同事的關心，琳達才緩緩地說道：「喔，因為今天是我第一天做簡報，所以是有點緊張。」

小張恍然大悟地說：「原來如此，我就想說你的臉色很蒼白。」

琳達默默地點頭，不作他語。

為什麼故事裡的同事小張不過是表達關切之意，琳達卻忍不住想翻白眼？這是日常生活裡很常遇到的情況，我們因為關心周遭的人，所以會說些為對方健康著想的關心用語，但很多時候，聽在對方的耳裡就變了調，令對方產生負面的感受。原因在於，無論相貌美醜，多數的人都相當在乎自己的外表，因此這種以外表為切入點的關心，就會讓人覺得你是在批評、攻擊他，尤其是開口就冒失地將他的「面子」當成聊天的話題。

再舉個例子，如果今天你跟幾位不熟識的朋友一同吃飯，同桌的朋友好意地替你夾菜，但是卻說道：「多吃點青菜，我看你滿臉痘痘的。」我想大部分人的臉都會垮下來吧。指出他人的氣色不好也是一樣的道理，由於這種面子的問題非常敏感，當你使用負面的詞彙時，它就會削弱人們的自尊心，縱使你只是出於好意。

況且，當你並不清楚對方的實際情況時，像這種涉及身體狀況（高矮胖瘦與外貌）的事情，就更需要謹慎了。因為後面可能有對方不便說的原因，比方說隱疾、私事，所以你應該盡量避免以此作為拉近距離的引子。否則你的關切就會化為對方心裡的一個個問號：「他想要影射什麼？他到底想跟我說什麼？他想要知道什麼事情？」

假如你真的想要關心對方，你可以試著運用下列方式，避免成為故事裡白目的小張，讓自己的關切順利達陣。

1 迂迴地關切

關心他人絕對沒問題，這是友善的一種表現，但是你不可以直接針對他的氣色發問，而是要迂迴地說。舉例來說，當對方一臉憔悴時，不是問她：「你為什麼一臉憔悴？」而是要問她：「你似乎很煩惱，最近遇到什麼困難了嗎？有沒有我幫得上忙的地方？」

如果真遇到什麼困難，對方會自行決定要不要說出來，但如果沒有遇到困難，他也會自動糾正你的認知：「我沒有什麼煩惱啊，只是最近的工作量太大了。」

使用這種旁敲側擊式的問法，可以讓對方避開不方便透露的理由以及尷尬，你也可以達到關心對方的效果。

2 不可以當眾詢問

現在你已經知道人們會介意大夥兒討論他的「面子」問題，那麼你就應該注意自己說這些話的場合，把跟外表有關的一切都當成他人的私事來對待。避免在公開場合提及對方的氣色、體型之類的問題，然後私底下再以前述方式，婉轉地探知對方的狀況，表達自己的關心。如此一來，對方絕對能夠感受到你的誠意。

另外，私下的關心可以帶給人窩心的感受，會讓對方覺得你們的關係其實比檯面上所展現的還深，而這種感受能夠快速地拉近雙方的距離。

3 讓他知道你平日就有關心他

「以外表為話題」會令人反感的原因之一，就是唐突之感。假設你們平日的交集根本不多，你也鮮少關注對方的狀況，沒頭沒腦地關心對方的氣色，當然會讓人覺得失禮。因此，你要確切地讓對方了解到，你平時就有在注意他。

這當然不是要求你像跟蹤狂一般地說：「我平常都有在關注你。」而是要稍微透露你平日的關切之意。你可以說：「你今天不像平常一樣精神奕奕的，發生什麼事了嗎？」或是：「你工作的時候一向幹勁十足，但是最近看你的狀況好像不是很好，還好嗎？」

當你的關心帶著些許的美言，除了可以表示你是因為平日有關注對方，所以才會察覺之間的差別以外，更能夠間接地讚美他，讓他感受到你的真切情意。

以篇頭的案例來說，同事小張如果真想表達關切之意，可以從琳達不佳的氣色推論，然後問：「昨天有睡飽嗎？」這就屬於正向的關切，將使得彼此的連結更為緊密，讓生活多一點的溫情。

你喜歡被問到關於氣色的問題嗎？當旁人如此詢問你的時候，你是不是也會覺得無言以對呢？好好練習上述的技巧吧！不要老是以別人的面子問題當作你們談話的主角，除了臉色之外，你們應該還有其他的話題可以聊才是。

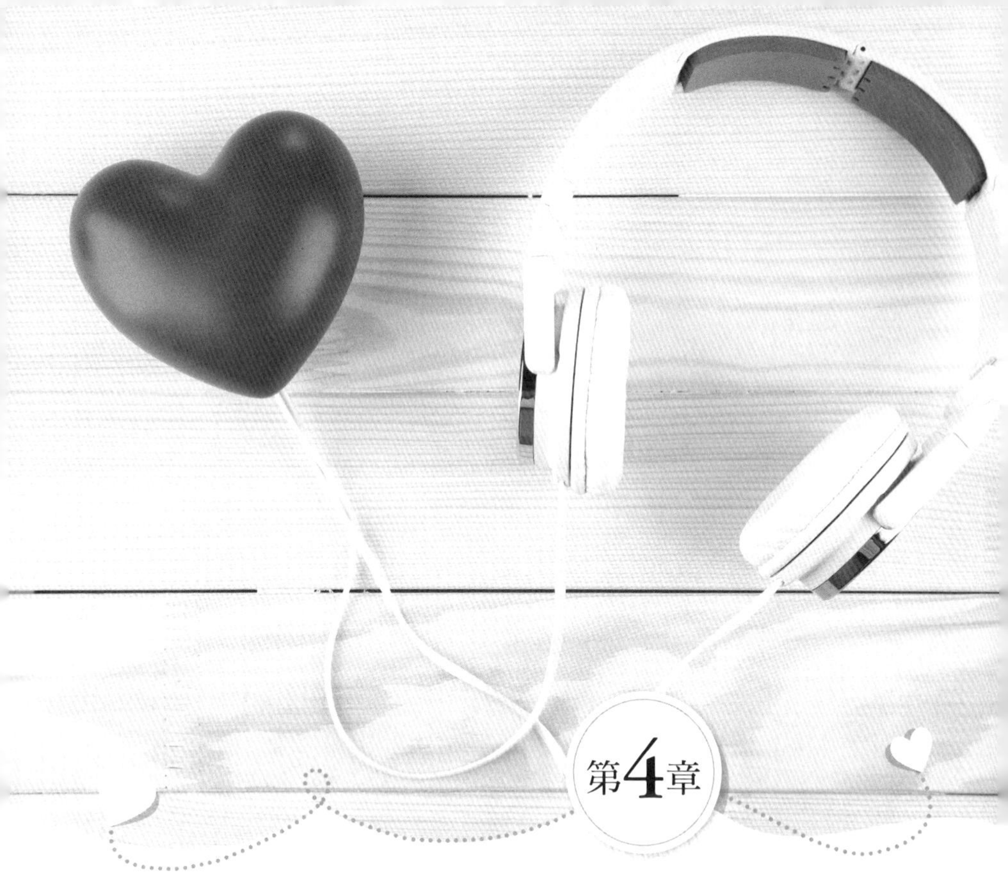

第4章

一分鐘超進展！火速提高你的地位。

不只建立關係，更要懂得「經營」關係，一句句打動人心的話，就能讓彼此「坦誠相見」，讓「真情指數」節節高升！

Bingo 1

「你覺得呢？」

「尊重他人」並不是圓滑，而是一個人應有的禮貌和謙虛的表現。

——羅蘭

小林和小陳在公司裡被稱為最強拍檔，他們共同負責過許多件案子，每一件都讓業主大為讚賞，為公司賺足面子。某一日，同事甲好奇地問道：「你們真的很厲害啊，這次又打了場漂亮的仗。你們的個性明明就南轅北轍，合作的過程中，難道都不會起衝突嗎？」

小林笑了笑地說：「因為我們有一個秘訣啊。」

同事甲問道：「是什麼祕訣啊？」

小陳說道：「秘訣就是四個字，『你覺得呢』。」

同事甲：「啊？這是什麼意思？」

小林回答：「無論是跟業主討論的過程裡，還是進入執行的階段，我們都規定對方要在提出自己的意見之後，詢問對方的想法。」

小陳接續說道：「這樣我們可以了解彼此的意見是相同，還是相左。當我們先花費心思取得一致的想法之後，之後要一氣呵成當然就不成問題。」

其實最強拍檔提出的秘訣所有人都可以做到，因為它就是這麼簡單的一句話。在對談交流的過程裡，如果你可以多問對方一句「你覺得呢」，就能展現自己聆聽的意願，讓他產生「你重視我的想法」的感受，進而他也會尊重你，為彼此創造良性的對話空間。

很多人都會認為自己的想法是最好的，於是不肯退讓，結果合作的過程裡為爭一個面子而比持久戰，寧可讓進度停擺，結果情感交流也因此中斷。這麼做多傻啊！等到期限一到，雙方還不是得坐下來好好商量怎麼合作？那不如一開始就以「你覺得呢」一句話展現自己願意商量的姿態，和平且順利的推動事情的發展。

此外，想要了解對方的想法或是延續話題，刺激對方開口永遠是第一步。你應該不會希望對方跟你說話時，總是以他的想法、立場、角色做基準，滔滔不絕地說吧？那只會讓你覺得他自以為是而感到厭惡。然而，如果他以商量的口吻詢問你的意見，就會令你感覺他敬你幾分，你自然就會友善地回應，甚至努力與對方磨合。同理可證，對方也是這麼想的。因此你可以藉此暗示對方：「你可以放心的說，我不會干擾你。」誘使他回答，然後再從對方的回答中，一點一滴地了解對方的喜好與想法。

為了讓你能夠自在地應用這句話，我想要提醒各位幾個應該要注意的眉角：

1 多選擇正面的話題，回饋也會是正面

「你覺得呢」這句話的前面一定會有一個主題。在日常生活中，我們與他人對談交流時，這個主題的選用非常地重要。如果你希望跟他做朋友，儘量不要讓主題的負面成份比例過高。當話題過於負面，就會引發對方負面的感受與情緒，他的回饋也不會是正面的，反倒會阻礙彼此關係的進展。

正面的訊息總讓人如沐春風，畢竟，有誰想要一天到晚沈浸在煩惱之中呢？所以，你可以多利用正面話語，創造鼓舞和愉悅的氛圍。當你針對一件事發表的想法是積極正向的，然後再詢問對方的想法，他的正面情緒就會被你引發。你們的對談也就形成一個良性的循環，增加往後的交流機會。

2 過猶不及，注意詢問的頻率

當你動不動就拋出「你覺得呢」這句話，可能會讓對方感到煩躁不安、誤解你是在考驗他，或是認為你其實腦袋空空沒有主見。於是，對方在交流的過程中可能會如坐針氈，因為他不曉得你什麼時候又會點名，要求他回答問題。

而且，如果對方真的對你的問題沒有想法，或是不知道該如何回答，場面就會十分尷尬，甚至可能會讓對方產生自卑感。當你有如質問般地詢問對方，不想被刑求的他自然會想避得遠遠的，你們的關係就會變得十分緊繃。

所以，反問與詢問對方的想法時，你必須懂得斟酌次數與衡量事情的性質。第一，如果你無論大小事情都希望獲得對方的答覆，或者期待對方能給予你建議，對方就容易產生心裡上的壓迫感。第二，如果你所詢問的事情相對重要，對方也會感覺有壓力，因為你們雙方都心知肚明，你很可能會依照他的回應做出決定。

此時，你的「你覺得呢」一句話就成了他必須擔起的「責任」，這種責任具有一定程度的負擔。而且弄得不好，對方可能還會認為你想把責任丟給他，往後要是出事了，你就有個可以推脫的藉口。這會使得對方對你產生排斥感。

因此，你必須拿捏詢問與反問的次數，並且學習揀選你所針對的事情，然後一定要適時地表達自己的意見。如此一來，「你覺得呢」才能產生良性互動的效果。

徵求對方的意見與想法，可以促使對方拋出更多的訊息，而你就能藉此來了解對方的想法，來衡量你們彼此之間差距。當你掌握彼此的差距之後，你才知道應該如何調整自己的態度，進而抓到相處的訣竅。

這就像是，你願意在自己所屬的表演空間中為對方騰出一個位置，讓他也有發揮的機會。當你們彼此逐漸培養出互動的默契，你和對方自然就會成為「最強拍檔」。

Bingo 2

「請教一下……」

能虛心接受人家的意見，能虛心去請教他人，才能集思廣益。
——松下幸之助

李開復任職於Google時，曾帶領十個人的團隊到郊區開會。會議中，他要求大家填寫一份問卷，問卷的內容是：團隊裡的人是否互相信賴？在這個團隊裡，人們是否願意提出問題討論？這個團隊知不知道自己的目標？

接著，他要求大家輪流談論自己在工作上的優點與缺點。作為表率，李開復首先提出自己的優點，再認真地指出自己的嚴重缺失以及他未來會如何改進，然後再請其他人向他提出建議或者點出他的其它缺點。

會議進行的過程裡，因為李開復很深

刻地檢討自己，大家見老闆自己把該丟的臉都丟光了，也就放開來講。於是，團隊裡本來不太可能成為朋友的人，在會議結束後，就像認識多年的朋友一樣。而因為這種默契，讓團隊往後在遇到問題時，都能夠順利地溝通，並且解決它。

建立信任感有助於人們的溝通交流，然而信任感卻不是那麼容易就可以建立起來。因為這是人類的天性，多數的時間裡，我們並不願意將自己難堪、弱勢以及有所缺失的一面展露於他人面前。而這又出於兩個原因，其一，是保護自己，其二，是我們打從心底不願意承認與正視這些問題。所以人們總是盡己所能地向他人展示自己的成功，努力地塑造良好的印象。

塑造良好的印象並沒有錯，它協助我們提升自我競爭力，但是這種遮掩與防衛同時也形成一層人際隔膜，讓我們在與人交流時看不清對方的真實的面貌，對方也看不清我們的面貌。於是乎疑惑與猜忌不斷地滋長，人與人的距離越來越遠。

試想，在一個團隊裡，如果團員們不願跨出第一步，敞開心房談論自己的想法與難處、向彼此承認自己的不足，那麼這個團隊永遠缺乏向心力，像一盤散沙。這就是我們極力要避免的情況。

在日常生活的交流裡，想要跨越人際關係的障礙，「請教一下」就是關鍵句。與人相處時，以「請教一下」作為發語詞，可以讓對方放下姿態聆聽你的問題，因為它透露著「我有不懂的地方，而你有能力解答我的問題，所以我非問你不可」。不必擔心這種求救讓你顯得能力很弱，或是會招致眾人歧視。它不僅能夠傳達你的謙虛，它還是一種隱性的恭維，相對地抬高對方的地位，讓被你請教之人感到愉悅。一旦他的心情舒適，你們的互動就有了好的開始。所以在職場上或是與長輩對談時，這句話格外好用。

不過，「請教一下」這句話如果過度使用，恐怕也會造成對方的負擔，畢竟他不是大百科辭典，所有問題都能對答如流。因此，我以下列舉幾個要點，讓你在請益他人時，不會因為造成他人的負擔而壓毀彼此的關係：

1 篩選你的問題

「請教一下」，這句話帶給人的感覺比較正式，也會突顯發問者對該問題的重視程度。一旦你使用此句話作為談話開端，對方大都會格外慎重地看待你所拋出的問題，因此，在你拋出這句話之前，你必須先了解對方是否為這方面的專才、對你提出的問題具備解答能力或是有能力協助你找尋答案，否則對方因為一無所知而感到難堪時，你就是馬屁拍在馬腿上。

2 不只是向對方拋出問題

當你向對方拋出問題時，你可以隱約地向對方透露你的想法。例如：「我想請教一下，關於這件事，就我過去的經驗是□□□，不過現在有幾個不太明白的地方，不曉得您是怎麼看待○○○的呢？」

你不僅傳達了自己的想法與經驗，同時以「請教」的態度削弱自己的強勢感，對方在討論的過程中，就不會跟你爭個你死我活，反而樂於主動分享自己的經驗與想法。這種表達看法的方式，能夠讓他看見你的深度與內涵。

當彼此擁有雙向的互動，一來一往的討論氛圍就會為你們的關係持續地溫，更甚者，一口氣提升至熱烈的階段！

3 先替對方歸納問題的重點

請教對方時，忌諱語意不清。你之所以語意不清，代表連你自己都不清楚問題的重點何在，對方又怎麼得知你究竟想要獲得什麼樣的答案？對他來說，當你在不清不楚的情況下發問，意味著「你希望我能夠幫助你抓重點」、「你連釐清問題的心力都不肯付出」、「你只是希望有人幫你解決所有問題，自己樂得輕鬆」，對方肯定會感到不快，因為你變相地將責任丟給他。

此時，你的請教對他而言就顯得既沉重又費力。

因此，你必須將「解決這個問題是我的責任」放在心裡，了解到對方沒有義務幫你分析與整理你的難題，接著你要透過整理歸納，將問題的重點找出來。一旦你的問題越清楚明確，對方的回答也能越貼近核心，這種舒適俐落的相處經驗，才有助於你們日後的互動。

4 將問題放在你尋求幫助的原因之後

對初步建立關係的人而言，沒頭沒腦地請教，是很唐突的一件事。其實這也是待人處事的基本禮儀，當你對某個人尋求幫助，代表你將他牽扯進你的問題裡，那麼你就有義務讓他得知事情的緣由。

倘若你向對方問了一個問題卻沒有多加解釋，會帶給人取得資源後「拍拍屁股就走人」之感，反而留下負面印象。因此，在你請教對方之前，你可以大略地向他說明發問的原因。如此，對方就能夠感到放心，並視你提供的情況來調整自己的回覆方式。而你提出的這個緣由，將是彼此交心的關鍵。

在一個團體與組織裡，人們願意自主地打開心房、相互了解的關鍵，在於領導人的謙虛，當領導人願為表率，先揭開自己的缺失並且檢討如何精進自己，同時就是在展現自己對共同打拼的同仁之信賴與誠意。

而這種不怕當眾示弱的精神，就成為凝聚人心的重要媒介。你與他人的互動也是如此，如果你肯不怕丟臉地請教對方，你就可以藉由這個機會與對方更深入地交談，最後相互了解而增進彼此的信任感。

永遠抱持著求知若渴的心態，你就可以得到更多，倘若有朝一日你覺得自己已是個萬事通，那麼你就不再能夠學習到新知了。謙虛地向對方請教，不僅你可以得到更多的資源，也能夠讓對方展現他的智識，而轉瞬得到他的好感。世界上沒有人會不喜歡跟懂得欣賞自己、看重自己的人，建立長久而穩固的關係！

Bingo 3

「哇！這□□真不錯。」

世人對愛及認同的渴望，遠超過對食物的飢渴。

——德蕾莎修女

公眾演說家凱文．霍根曾說：「認同能帶來信任，信任能削減抗拒，抗拒削減了，對方自然就會順從。」

他所說的使對方順從，其實就是一種能夠「說服」對方的力量，也可以說是一種使人心歸順之力。凱文．霍根針對自己的這一番話，做更進一步「門裡門外」的譬喻：

當你在家中時，任何預期之外的敲門聲（不該有的開窗聲也是）對你而言就是潛在入侵者發出的訊號。如果你不認得門外的人，而且他們也不吸引你的時候，你就會感到不舒服，甚至恐懼。因為你知道他們想要從你身上獲取某些東西，所以才會敲門。你在要去開門之前就知道這一點了！

這意味著一件事，那就是你在抓住門把之前，就已經心生抗拒。

當你開門時認出對方（或是你歡迎的訪客），你就會有種解脫、鬆了一口氣的感覺；但如果你並不認得來者，這種抗拒感就會變大，此時，除非站在門外的人長得非常好看或是有其他優點博取你的認同，活絡大腦的「獎勵中樞」，否則你心裡的抗拒感難以抵銷。

我覺得這個門裡門外的譬喻很有意思。

如果今天你是站在門外的人，要怎麼樣才能夠削減門內之人的抗拒感，並且願意主動打開門籬，拉近雙方之間的距離？關鍵的「獲取認同」四字說來簡單，然而「如何」獲取對方的認同真是門學問啊。

正所謂：捨得，有捨才有得。

既然獲取對方的認同難度很高，那麼你就要先反過來認同對方。一旦彼此成為能夠互相信賴關係，對方的心也就會歸順於你。妥善運用關鍵句「哇！這□□真不錯」是個不錯的方法。當你對他人的提議或想法表示讚賞時，他就能感受到你的認同，而你驚嘆的語氣即透露他的提議或想法具有突破性，或者令人印象深刻。

需要特別注意的是，你要具體地點出你所認同的是「什麼」。當然不限於提議或想法，但一定要有一個確切的讚賞目標。例如：「哇！這提議真不錯。」或是「哇！這主意很不錯。」假設只有：「哇！真不錯。」就淪為敷衍的客套話了，鼓勵的效用大為削弱。

這是很奇妙的心理。當你以鼓勵對方的方式來提昇他的自信時，他的戒心就會動搖，進而產生「我們志同道合」的想法，然後將你歸類為同屬於一個群體的人；再多試幾次，對方就會將你視為他所「認得的人」。而在這兒之前，你對他來說不過就是一個不停地敲門，想從他身上獲取利益的入侵者罷了。

三不五時地就敲敲對方的家門吧！已經漸漸地視你為朋友的他自然會欣然地歡迎你入屋。至於你該怎麼將這句話應用自如呢？我在下面列舉幾項有效的方法：

1 重複關鍵詞，讓對方知道你的回應是出於真心

請你在對方講話的同時，在腦海裡將他的言論整理一番，並將他所說的重點放進你的回應之中。例如當你與他人共同規劃旅行時，你可以這麼回應：「早上沐浴在森林的芬多精裡，下午去精品店逛街吹冷氣，晚上去當地的創意市集。哇！這個旅遊規劃真的很不錯耶！」

藉由重複對方講述的重點，你的回應就不會顯得空泛無力，也能顯現你的讚賞是出於真心。

2 稱讚加上建議，回應就錦上添花

有的時候，一味地稱讚會顯得非常不真實，因此你可以使用建議輔助稱讚，來削減虛偽之感。

即使你的「哇！這□□真不錯」是出於真心，但心裡一定還是會覺得對方如果再做「修潤」會更好，因此你要站在對方的立場去思考，「加入」自己的想法與建議。注意，你提出來的意見是以修潤他的想法為主要目標，所以千萬不可以與之背

道而馳，否則就形同批評。

你的本意是希望對方感受到你是出於好意而非虛偽，因此你的意見供對方參考即可，無須為了讓對方接受，而與他較勁。你可以說：「哇！這個旅遊規劃真不錯！但能不能再多添加一點藝文景點呢？當然，如果有時間上的考量……」

真心地為對方著想，下次他如果再有什麼想法，都會想先詢問你的意見，那麼你們雙方的連結就會更深一層。

3 你是稱讚而非諂媚

在〈客套話得說，但多說無益〉一篇裡，我提到，人們為了不破壞彼此之間的關係，會養成說好話的習慣。這種習慣固然對拓展人際關係有一定的幫助，但如果所言不屬實，你就會成為虛偽諂佞之人，造成真心交流的阻礙。

我們深入討論，當你埋怨對方不肯釋出真心的時候，請問你對他的真意究竟又有多少？

譬如你們雙方都是一塊磁鐵，當你這塊磁鐵外面多裹了一層外衣，磁鐵之間的吸引力是不是多少就會受阻？如果你期望自己在對方的心裡扎根，你的認同就得出於真心才行。這麼一來，你的樹根才能扎得深，真情指數才會節節高升，否則很容易變成水土保持不良，嚴重走山啊。

你反駁道：「人際關係的展開不見得要以認同對方為開端吧？」確實如此，但別忘記，你一開始的目的是博取對方的認同，讓他將你視為自己人。所以你不可以忽略心理需求的力量：每個人都有被他人認同的渴望。

一旦你以「哇！這□□真不錯」鼓勵對方，就於無形中滿足他的心理需求，相對而言，對方自然會以提高信任度作為回饋。當對方的排斥之感大大地降低，他的心中就有你的一席之地。

Bingo 4

「今天過得怎麼樣？」

如果寒暄只是打個招呼就了事，那與猴子的呼聲有何不同？真正的寒暄，必須在短短一句話中明顯地表露你對他的關懷。

——佚名

很多時候，透過一句簡單的問候，展現自己的熱情、涵養和風度，對方就會很樂意和你交談。

小豪是來到臺北工作的臺南人，但是他經常坐火車回家探望家人。這中間的旅途總是十分愉快，因為小豪經常主動和周圍的人打招呼。「您好，您也是在臺南下車嗎？」或者：「您好，不曉得您的雜誌能不能借我看看？」就這樣跟陌生人攀談起來。別人眼裡的枯燥的路程，卻是小豪與人連結的方式。

初次見面，只要第一句話抓住對方的心，也就抓住了結交朋友的重要步驟。對小豪來說，這就是人與人之間一見如故的敲門磚。

現代人的日常生活裡，鄰里之間的關係淡漠，見到左鄰右舍會互相點個頭示意已經很不錯了。有些人顧慮得多，即使有機會跟街坊鄰居聊個天，不是擔心自家的事情成為八卦，就是擔心自個兒變成他人口中的「長舌婦」。索性聊天氣，聊多了又乏味無趣，後來乾脆不聊，點個頭了事就好。

想要打破這種人際藩籬，「今天過得怎麼樣」這句話是妙用無窮。下回遇見街坊鄰居時，你不妨這麼打招呼，你將發現這種親切和溫馨感會讓人想要多多親近你。只要對方想起你，就會如沐春風。

這麼比較，你就會清楚許多。今天你在電梯裡遇見隔壁的鄰居，對方打招呼說：「你好。」以及對方問候道：「你今天過得怎麼樣？」是不是就有天壤之別的感受？相較之下，您好只是基本的禮貌用語，無法感受到他人對你的關懷。

我想起某次光顧咖啡廳時，櫃前的店員問我：「您好，您今天想要喝什麼呢？」這句看似普通的問候語裡頭包含二種意味，第一，基於禮儀的親和力；第二，店員以今天二字讓聽者產生「你認得我」的錯覺、「你知道我之前有來過」的念頭。於是，不知不覺地增強我再光顧的意願。

「今天過得怎麼樣？」的效果類似，詢問對方「今天過得如何」可以讓對方產生一種錯覺——你一直很關心我的狀況，無論是今天，還是過去。

我在這裡列出幾個打招呼時可能忽略的小細節，只要你多加注意，就能讓這句正面用語在對方的心中發揮效用：

1 表情與語調

當你打招呼時，表情與語調應該是輕鬆而愉悅的，這代表你很開心再見到對方。每次我見到人們在打招呼（或道謝）時，神情木然、語調平板以及侷促不安，我不禁覺得對方言不由衷。記住，當你有以上的表現，對方心裡也會覺得不自在。

2 你要選擇性地曝露自己的狀況

如果你問候對方之後，他是以「還好」或是「沒什麼特別的」等不怎麼熱烈的用詞回應，你可以主動向對方談及自己的現況。一方面，這可以清楚地向對方傳達你只是想拉近關係；另一方面，抑止對方冒出「你為什麼這麼好奇」的防衛之心。

不過，因為你們雙方的互動並非那麼密切，所以你無須講得太過深入，否則會產生反效果。你可以先觀察對方的反應，如果對方有興趣延續話題，你就可以繼續將話題拓展至其他層面，若是對方反應冷淡，就別再談論自個兒的事了。

3 如果你是有意要跟對方攀談

當你是有目的的想跟對方攀談時，不要在問候對方「今天過得怎麼樣」之後就立刻切入正題。這就好像你的文章上一段和下一段被斷開而無法連貫。請你務必要循序漸進，在問候和正題之間嵌入其他話題，推助你順利進入下階段的談話。如此，對方才不會將你的問候當成場面話，認為你不帶誠心誠意。

4 你在事前就已得知對方的狀況時

如果你事前就已經得知對方的片段狀況，或是你察覺到他的臉色不好，「今天過得怎樣」這句問候就顯得不適當。很容易被對方歸類為「白目」。你不妨改以其他用語關切，以試探性的口吻問道：「你還好嗎？」當你懂得看臉色，對方對你的好感度才會增加，所以絕對不是死板板地以「今天過得怎樣」問候他。

有的時候正是這些你平日認為的「攀談廢話」，為你跟他人建立深厚的友誼基礎，所以千萬不要瞧不起這簡短的一句問候。

你不妨這麼想吧，當你在電視上看見人類的關懷行動，諸如醫師到偏遠地方開辦診所、善心捐款與募資時，你的心裡會不禁湧出暖意，相信社會尚存有溫情，並且產生想要幫助他人的念頭。那麼如果你在與人互動時也能夠主動地表達關懷，即使短期間裡無法取得成效，誰都無法保證對方的冷若冰霜不會逐漸被你融化。

想要提升人與人之間的暖度，就從真摯的問候開始做起。

Bingo 5

「還好有你，我才……」

生而不有，為而不恃，功成而弗居。
——《老子・第二》

班傑明・卡森博士是美國約翰・霍普金斯大學附屬醫院的教授，也是世界第一位成功分離後腦連結的連體嬰之小兒神經外科醫師。他的故事還被拍成電影《恩賜妙手》。

根據《美國新聞和世界報導》指出，卡森醫生平均一年主刀五百次的手術，是一般神經外科醫生的三倍。但是每次只要有人提到他的驚人成就，他都會立刻歸功於他的工作團隊。在他的眼中與口中，他的團隊是由「非常有效率的人員」所組成，這個團隊包含手術前、中、後的護理人員、神經外科醫生助理們、醫療技術員、外科全體職員以及辦公室總秘書和秘書室六名職員。

卡森醫生不居功的胸懷，讓他不僅獲得個人成就上的尊崇，更獲得人際上的敬重。

戲劇裡時常會這麼演：刑警偵破一件案子，出面攬功的是沒有衝鋒陷陣的高層；團隊裡的某一個人，在團隊完成任務之後，到處向人說：「如果沒有我的話……。」

如果故事裡的卡森醫生在完成手術後也抱持著這類心態，我相信即使他是手術的主刀醫師，他也是難逃負面的評價。這種睥睨一切的自負易使人心生反感，因為刻意強調孰優孰劣的態度，會讓旁人覺得不服氣。於是人們能離你多遠就離多遠，畢竟，誰喜歡跟一個總愛比較、不懂得欣賞他人的人相處呢？

我將這種愛居功的心態當成互動的負面教材，提醒自己在人際相處上別犯這類的毛病。同時也可以利用與其相反的態度，增進人際間的情誼，那就是卡森博士的歸功舉動。而「還好有你，我才……」這句話就具有這樣的效果。

有時候，「還好有你，我才……」這句話比起一般的感謝，對他人來說更有魔力。因為它不僅代表著你把榮譽歸於對方，更傳達你將對方視為伙伴，有一起共同完成目標、共患難的情誼。尤其當你是一個團體的領導人，這句話的力量就更為顯著。你肯定對方在這之前的辛勞與付出，你讓對方知道他是特別的，你讓對方知道他在你解決這件事的過程中非常有助益。於是，你們之間的緊密度就更高了。

「還好有你，我才……」這句話所傳達的感謝之力遠較「謝謝」二字更為強大的另一個原因是，它的內涵與層次更為豐富。除了上述的將功勞歸於他人之外，你還能告知對方，他對於你的「貢獻」究竟是什麼，讓對方了解他所擁有的能力。屆時，你的感激不僅為他帶來成就感，他更提昇了自信。

然而，要讓這句話真能深深打動對方的心，有些毫毛之處就不得不多加注意：

1 以沉穩且篤定的語氣致謝

如果你的態度搖擺不定，在某些情況下容易導致對方將你的致謝誤讀為矯情。所以你必須沉穩不輕浮，盡量不以玩笑的態度說這句話，詞彙也要精準。舉例來說，你當然可以說：「還好有你耶，不然我真不知道拿這次的活動怎麼辦！」但是如果你這麼說：「還好有你，這次的活動才能順利落幕。」對方感受到的真誠程度就會大幅度提高。

你可以事先在腦海中打草稿，篩選你認為最合適的說法，就能夠避免這類的情況發生。

2 描述當時的狀況，提醒他

當你是在事情完成很久很久之後，才向對方道謝，你就必須考量到，對方也許不記得這件事。如果你突然告訴對方：「還好有你，我才能順利完成當時的企劃。」那麼他只會覺得你的感謝沒頭沒腦。所以請你具體地描述對方究竟幫上什麼忙，提醒他，避免因對方的記憶不深而失去打動他的效果。例如：「還好有你當時幫我一起收集資料，我才能順利地在期限之內完成企劃。」

想要感謝對方，卻不知道該從何感謝起時，你可以從「獲得他的幫助後，你從中獲得什麼好處」的角度去思索。例如：「還好有你阻止我去見他，我才不會在感情路上重蹈覆轍，當時你的那句□□□，對我來說真是當頭棒喝。」

3 感謝的重點要放在對方身上

事情完成後，對於協助你的人來說，他想要知道的是結果的好壞、你的滿意度與結果是否跟你的預期有差距，因為這些才代表了他的能力、他的干預到底產生多大的效用。因此，你應該說：「還好有你，我才能夠順利完成老闆交待的任務，他很滿意。」而不是說：「還好有你，我才不會被老闆罵！」

4 承認對方出手協助的必要性

如果你無法打從心底承認此事必須依靠他人的協助才能完成，那麼你無須勉強自己說這句話。我前前後後說過很多次，任何不帶誠意的語言只會讓人覺得你為人虛偽，對方並不會因此更靠近你。

所以，你必須學會承認這件事本來就不是你一個人能夠獨立完成的，以及你確實需要對方的幫忙。當你可以接受自己和他人是相輔相成的關係，當你能夠看見他人和自己各有什麼優勢，並且願意承認善用彼此優勢有助於事情的發展，你才能真正地賦予這句話意義。

卡森博士以謙卑的態度看待自己的成就，亦懂得以激賞的眼光看待他的同仁，致使他不僅在醫學專業方面有崇高的地位，在他人的心目中也具有同樣崇高的地位。他展現的是摒除虛榮與比較之心的待人處事之道。你無須認為這種氣度讓人望塵莫及，只要你常懷感恩之心，並練習以「還好有你，我才……」這句話回饋他人，正如春秋戰國時期的豫讓所言，彼以國士待我，我故以國士報之。

Bingo 6

「辛苦你了！」

我認為激起人群熱忱的能力是我擁有的最好資產。發展一個人最佳潛能之方法，就是透過感謝及鼓勵。

——查爾斯·施瓦布

一年夏天，小梅跟著一夥人去海邊玩水。玩水時，她的拖鞋不慎遺失於海裡。麻煩的是，在他們眾人上岸後，還必須踏著被太陽曬得滾燙的鵝卵石，走很長的一段路，所以小梅開始向他人尋求幫助。但是每個人都只有一雙拖鞋，誰都不肯脫下自己的脫鞋給她穿。

小梅於是感到憤憤不平，認為人們見死不救。

後來，團體裡的一名男孩將自己的拖鞋讓給她穿，然後自己赤腳走在曬得發燙的鵝卵石上。走到半路時，男孩自嘲地說：「我成了鐵板燒啦！」

聽出男孩的言外之意，小梅這才滿懷感激地道謝。

男孩說道：「沒有誰是必須幫助你的，幫你是出於交情，不幫你是應該的。」

從此以後，小梅銘記男孩的話，學會對他人伸出友誼之手，並且將他人的援助銘記於心，及時表達自己的感激之情。

小梅尋求幫助卻處處碰壁的故事，有二個寓意。第一，是小梅不懂得體恤他人，當人人都只有一雙鞋時，誰願意走在滾燙的石子上？第二，是人們沒有幫助她的義務，但是有拒絕她的權利。不只是小梅，對於我們身邊的人，我們很多時候都忽略了這二點，導致我們在與人相處時，常常碰了一鼻子灰。

「辛苦你了！」這句話就是為了體恤他人而存在，當你說出這句話時，就代表你擁有世上無人有義務幫助你的省思，並且告訴對方：我看見你的付出，向你致上感謝之意。無論是你和對方共同完成一件案子，或者是你無意間發現對方默默的付出，你都可以說句：「辛苦你了。」這會令對方覺得你貼心、觀察入微以及懂得感恩，在對方的心中，你就會躍升為更親近的朋友。

這句話也可以成為安慰的用語。例如，當你知道伴侶因工作忙碌時，先不去責怪對方沒有撥出足夠的相處時間，而是以「辛苦你了」體諒對方。又或者，相識不久的朋友對你訴說自己的不如意時，你的一句「辛苦你了」，能夠舒緩對方多少的焦慮與失落。當人們感受到你的支持，同時也就會自動為你們的關係多注入一份心思，因為你理解他，所以往後想講心裡話時，你就會是他傾訴的第一順位。

以下我再針對四點，做細部的說明：

1 雖然只是一句辛苦了，眼睛也要直視對方

人們可能會因為難得這麼說而感到不好意思，所以就會眼神飄忽，致使對方覺得你不夠誠懇，只是隨口安慰幾句意思意思，害你的「辛苦你了」大打折扣。所以，在你說這句話之前，你必須端正自己的眼神與態度。當你雙眼直視著對方，態度誠懇，他就能夠確實地感受到你的尊重與重視。

2 要說出你知道的事實

例如：「這陣子為了這件案子，辛苦了你！」或者：「你為這些事而忙碌，看起來很疲累，辛苦你了！」

這些描述你親眼所見的附加語句，更能強化「辛苦你了」這句話的效果。對方也會更強烈地感受到你的真摯關懷。

3 偶爾要輔以實質的回饋

口頭的說詞效用有限，人們有時候需要的不僅止於一句安慰。如果你在說出「辛苦你了」這句話之後，能夠即時（時間不要拉太長）給予實質的回饋，那麼這句話的效用就會加倍。此舉意味著你不僅看見他的辛勞，更能理解他真正的需求。舉例來說，太太近期因為工作與家庭蠟燭兩頭燒，睡眠嚴重不足，你的一句「辛苦你了」用處著實不大。她說不定還會心想：「然後呢？」

這時候，你可以多分擔一點家務、帶她上餐廳慰勞她的胃等等，以實質的舉動作為報償。畢竟，言語再怎麼撫慰人心，終究捉不到、碰不到，所以如果你懂得在

「辛苦你了」的慰勞之外，再輔以實際的行動，就算只是送上一杯咖啡或一份小禮物，都會讓對方驚喜與感動。

4 注意對方的身份

日本作家向谷匡史，在《第一句話說對 90%目的就達成》一書中提到，如果對方是年長者，會對這類用語的誤用相當敏感。因為這句話是用來慰勞別人。而「下慰勞上」是很失禮的一件事。

或許你覺得是日本人在這方面的態度更為嚴謹，或許是國情有別，但這其實是為人處事通用的道理，這種時候絕對要注意對方的年紀與位階，千萬不可誤用了溢美之詞，以免讓人產生負面觀感。

文章開頭的故事裡，如果小梅請求援助卻遭受拒絕時，能夠理解人們拒絕的理由的話，她的情緒就不會如此失落與忿忿不平。人與人相處時，常常忘記這一點，即便你與對方是雇傭關係，除非你付的薪水讓人嘆為觀止，否則他真的沒有必要為你賣命，當他為你賣命時，你多說一句「辛苦你了」也不為過。

縱使今天他甘之如飴，你也要記住，對萬事萬物心懷感激，為得是你自己。

所以，故事裡男孩對小梅的提醒，你也可以將它視為對現實生活的提醒。當你學會看見他人的付出，並且開口表達自己的感激與安慰之意，對他而言，一切都很值得。也因為這份「值得」，你在他心中的地位，就遠不止於一般。

Bingo 7

「你累／餓了吧？」

任何傻子都會批評、責怪及抱怨，但理解及原諒需要的是品德及自我控制。

——戴爾．卡耐基

從前有個提神飲料的廣告，它的劇情如下：

一名老伯踏進腳踏車店，問道：「我的腳踏車椅墊好了嗎？」

「好了！好了」腳踏車店的師傅回頭喊道，但是卻在腳踏車上放了張椅子。

一名學生踏進腳踏車店問道：「老闆，我要打氣！」

老闆說道：「加油！」

學生手按壓腳踏車後輪說：「不是啦老闆！我要打氣！」

七葷八素的老闆連忙喊道：「加油！加油！加油！」

老闆娘手指了指旁邊牽著腳踏車的小姐，說道：「要補胎啦！」
老闆往老闆娘肚子貼了一張補輪胎的皮，說道：補好胎了！
老闆娘怒道：「我都生八個了，還補喔！」
廣告的結語詞：你累了嗎？

「你累了嗎？」這句話在當時簡直就像是全民口號一般，許多人都會拿它當玩笑話，博君一燦。無論是日常生活或是職場上，你一定會遇到他人身心疲累的時候，當你發現對方因此而頻頻出現狀況時，你是指責對方不用心，還是問他：「你累了嗎？」在這個廣告裡，「你累了嗎」固然是個玩笑，但是它也點出一個人與人相處時很重要的態度——站在對方的「現狀」去思考。而我接下來要談的這句「你累／餓了吧」就是根據這種思維。

我前面之所以強調這是針對他人的「現狀」，意思是它並不像「辛苦你了」，是基於你長時間觀察對方而說的話，而是你當下發現對方犯錯、狀況不佳（例如工作出了毗漏、精神狀況差）時說的話。它的效果比起「辛苦你了」快很多。

舉例來說，當對方工作上出現失誤時，你說道：「你怎麼連這點小錯誤都犯？」對方就會瞬間拉開心的距離，認為你並不了解全盤狀況就妄下定論。但是如果你對他說：「你累了吧！」這時，他縱使知道你是針對他犯的錯誤而言，也不會覺得侵略感太強，畢竟你先為他找了一個理由，表達你可以體諒的心情。

因此，「你累／餓了吧」不僅可以提醒對方，同時也能為對方保留面子，將你的表達重點放在關切。換個角度想，假設對方當下已經非常疲憊，又被你指責做事不上心時，他都已經感到不是滋味了，怎麼可能還讓你在他心上佔一席之地呢？然而，當你願意先放下與己有關之事，先擱下對他感到不滿的情緒，表現出自己的陪伴與理解，你在對方心中的位置就會逐漸攀升。

以下是表達陪伴之情時，你需要多加琢磨的細節：

1 在提點對方時，注意語調與表情

純粹關切對方身體不適的狀況時，你的語調通常會下壓，以表示你對此事的慎重，表情也會較為嚴肅。畢竟健康可不是能夠開玩笑的一件事。不過，如果你是藉

「你累了吧」一句話，在對方犯錯時「提點」對方，情況就不一樣了。

發現對方因為狀態不佳而影響日常事務時，請你務必控制自己的語調。我時常聽見人們明明是出於關切之情，卻以輕蔑的口吻說出這句話。語言文字若是一把利劍，持劍之人的態度就非常重要，因為用得好，它削髮如泥，心態不正，傷人害己。如果說，「你累／餓了吧」這句話妥善運用時效用極大，反過來說也是一樣的道理。我知道你對自己所在意之事非常著急，但是只要你先沉住氣，放下自己，卸除偏見，事情的發展就會不一樣。

2 不要擅自替對方下註解

週二的辦公室裡，小明不小心打翻咖啡，此時同事與主管經過他的身邊。

同事說：「你累了吧！」

小明還來不及回答，同事又說：「喔我知道了，你一定是昨天玩得太瘋！」

小明瞥了一眼同事，又看了一眼主管，眼色相當難看。

千萬不要擅自在這句話之後替對方下註解，因為你可能會害對方落入上面這種情境，成為職場白目。關切對方時，請你留給對方回應的空間，否則這就無異於設陷阱給對方跳，當然會削弱這句話的窩心之感。最好是講完這句話之後，先觀察對方的反應，是侷促不安還是心裡坦蕩，然後你再做出相對的回應。

這樣，你們才能真正的交心。

3 記得輔以實際行動

你說：「你累／餓了吧！」然後再送上一碗熱湯或遞上一杯咖啡，帶給他人的感受就大為不同，效果加倍。

舉例來說，你明明知道對方血糖降低，卻沒有任何的實際作為，你的關心就會像是空包彈。行動，可以讓對方得到獨特的感受。而且無須太過熱切，就能展現你真摯的情誼。

我在文章開頭時提到的廣告或許誇張，讓人捧腹大笑。但喜劇就是從生活裡提煉出來的藝術，所以你可以藉由這些被刻意放大的笑哏，觀照自己的人生。從廣告拉回現實，去觀察你身邊是否也有類似的情況，然後適時地展現自己的關心。

這種體貼他人之心可以說是一種能力，而既然是能力，當然就能夠培養。培養自己的體貼能力，也等同是在培養彼此間的情感厚度，提高關係的層級。

Bingo 8

「我對你說的事很感興趣。」

別過分主動，但表現得友善及有禮；做第一個打招呼、傾聽及回應的人；且別在該說話時沉思太久。

——喬治・華盛頓

快樂森林裡的動物狐狸想要和兔子做朋友，但是對兔子來說，狐狸就是一隻想要吃掉牠的獵食者，所以只要狐狸靠得太近，兔子就會立即警覺地拔腿逃跑。

沮喪的狐狸為了不嚇跑兔子，只好時常躲在樹叢裡偷聽兔子跟朋友的談話。

一日，兔子和朋友們聚在一起聊天，兔子興奮地說道：「我在河邊撿到一個貝殼，它不僅圖案相當有趣，在黑暗之中還會發亮喔。」

這時，躲在樹叢後的狐狸忍不住探出頭說道：「我對發亮的貝殼很感興趣。」

兔子一聽見狐狸的聲音，一溜煙地就

跑走了。

又一日，兔子開心地對朋友說道：「我們一起去尋找那條傳說中的小徑，怎麼樣？」

未等其他動物做出回應，狐狸又跳出來說道：「我對你說的傳說感到很有興趣耶！」

但是兔子又馬上跑走了。

狐狸就這樣反覆表達自己的熱忱，一日，兔子對牠的朋友說：「我想，狐狸應該不會吃掉我們。而且牠對我說的事也都很感興趣，我們應該可以跟狐狸當朋友。」

這時候，狐狸又再度跳出來說：「我對當朋友的事很感興趣喔！」

狐狸為了跟兔子交朋友，不斷地等待聊得上天的契機，等待時機一到，牠就使用了一個可以幫助他融入話題的句子，那就是——我對於你說的□□很感興趣。兔子最後之所以會主動釋出跟狐狸交朋友的意願，除了觀察到狐狸無心傷害牠們之外，最關鍵的原因就是狐狸不斷地展現自己的熱忱，讓兔子覺得自己說的話很重要，讓兔子覺得自己受到對方重視，所以也願意向狐狸敞開心胸。

「我對於你說的□□□很感興趣。」這句話背後的意涵是，我們可能志趣相投，雙方可以盡情地表達自己的想法。當你說出這句話的時候，都在傳達一項訊息：我希望你能夠再多拋出一點相關資訊，進一步地闡述與解釋，因為我對這件事高度關注。這句話是開啟話題的好方法，它是能夠不知不覺地深化關係的催化劑。

一生的知己難尋，日常生活裡能找到志同道合的朋友也不容易。正所謂，「話不投機，半句多。」反之，如果可以天南地北地聊，那就會是一種愉悅舒暢的感受。當人們聊到自己喜愛的話題時，他的心就彷彿能夠飛揚，因此你展現的興致，不僅傳達自己繼續聆聽的意願，也等同於鼓勵對方談下去。

有機會的話，你不妨留神觀察，當你的朋友隨意地提到自己的想法或觀念時，你只要說：「我對你說的事很感興趣。」他的眼神就會瞬間為之一亮，整個人顯得十分有朝氣，得意與興奮之情全寫在臉上！這個反應真的相當有意思，見對方如此地雀躍，多數的時候我也不禁莞爾。

讓他得到你的肯定與讚賞，讓他產生「終於有伯樂發現我了」的想法，只要你正中他內心的這種振奮之感，你們的感情濃度就會突然飆高！不過，你還可以再注意以下幾點，讓你說出口的話更深得人心：

1 你的目的必須絕對端正

通常，只要你展現自己對他闡述的事情非常有興趣時，對方的內心皆是欣喜的。不過在這個融洽的對談之中，你要注意自己說出這句話的心態。職場鬥爭激烈，我曾經就見過擁有如此城府的人，他說出「我對你說的事很感興趣」這句話的目的是「伺機攻擊」。亦即，他先以這句話誘導對方拋出更多訊息，然後在傾聽的過程裡，一邊尋找對方的弱點，待對方興高采烈地說完後，再大力抨擊。

當然，這是一種非常有效的手段。但是我之所以特別提出這件事，是因為我發現當人們以交朋友為目的時，其實也會因為一時糊塗而出現這種狀況。當你忘記自己「交心」初衷，你聽完對方的言論之後所提出的想法就會十分尖銳，刺傷他的心。於是，對方在幾次的相處之後，就會斬斷你們之間的交流。

別忘記，你是要創造志趣投合的氛圍，而不是廝殺的戰場。

2 讓對方一吐為快

有些人屬於不吐不快的類型，當你表達自己的興致時，他真的會永無止盡般地繼續說下去。他要說就讓他說吧！此時，你只需做個稱職的傾聽者，讓對方一吐為快，別特別打斷他的愉快和興奮之情。

因為你的這份理解與陪伴，對方對你的好感度會立即往上提昇，而這份感受，會永遠地刻在他的心中。

3 對方正中下懷之後，延續情誼

如果你的對談者類型剛好與前一項相反，屬於謹言慎行的類型，即使他會興奮地打開話匣子，但確實也很有可能會在闡述完你感興趣的事項之後，立刻恢復原貌。所以，你的熱忱絕對不能中斷，要不斷地為談話添加木炭。你可以針對你覺得可以談得更多的部份，向對方提出問題，誘使對方繼續說下去。只要你們談得越深入，推心置腹的可能性就會激增。

故事中的狐狸如果沒有先認同兔子分享的話題，站在對立角度的兔子應該無法產生交朋友的念頭。狐狸主動創造彼此的連結，利用這種志同道合的興奮感受，讓他們的心可以更加靠近。

這個連結就是你跟對方彼此都喜愛的事物、價值觀與興趣嗜好（或者是它「可能」成為你的嗜好），當你在雙方的言談之中找到這個連結，並展現自己「對他說的事情很感興趣」時，你就已經引發對方巧遇知音之感。

Bingo 9

「如果你需要，我願意聽你說。」

我們播什麼種子，以及如何播種，造就我們的性格及名譽。將仁慈、善意及體諒他人的種子播於肥沃的土壤，就會出現不死的友誼。
——喬治・亞當斯

Youtube尚未成立之前，創辦人查德・賀立和陳士駿在舊金山有個聚會，聚會中，他們為賓客拍下不少精彩的畫面，所以想要上傳到網路上與大家的親朋好友分享。問題是，把影片放上去的過程是既費時耗力又複雜，而且完成之後的效果也很差。這讓他們覺得十分掃興，認為快樂的時光一去不復返，難以挽救。

不過可惜歸可惜，他們進一步想到，倘若碰到相同的情況，無論是誰都會產生這種挫折的感受，因為想要和人們立即分享自己的生活是大家都會萌生的念頭。換句話說，這是人人都會有的問題與感受，而這種人類的共感與共通的問題，就代表機會。

賀立和陳士駿認為，他們只要研究出方便、免費又能保持影片品質的上傳技術，一定會大受歡迎。於是他們接受了這個挑戰，日以繼夜地工作，Youtube終於誕生。

Youtube的創辦人從問題中看見機會，他們想到別人可能也跟他們有相同的煩惱，並且主動地想辦法解決這個共同的問題。於是，他們創造一個「如果他人有需要就可以利用」的平台。我要談的，不是兩位年輕人如何崛起，我要談的是，你也可以為自己的人際關係創造這樣的平台。這個平台，就是「如果你需要，我願意聽你說」這句話。

當你率先表達自己能夠幫助對方，等到對方有需要時自然地就會想到你。舉例來說，你發現朋友因為工作受挫，而你的關心可能動輒得咎時，你不妨就這麼跟他說；將主動權交給他，而不是一味地逼他接受你的好意。由於你並非急切地要求對方立刻吐苦水，此時你不急不徐的態度所表現出來的關懷，反而會讓對方因為不必處理人際上的壓力而感到相當安心。

很多人的態度和言語太過急切，會在這種時候忍不住對他人說：「你到底是怎麼了？」或者：「有事情就說出來啊！」結果反而讓對方因為心靈的負擔而縮進殼裡，不想，也不敢出來。他甚至可能會這麼想：「你這個人是怎麼回事，硬是逼我說。」認為你只是在打探他的生活，又或者你僅是不高興他的情緒影響到你。記住，當他遭遇問題時，他要煩惱的事夠多了，此時實在沒有多餘的心力再照顧你，讓你展現關懷情意。

所以請你體諒，對方現下可能不適合說明事情發生的經過，他的心情可能不適合談，或者當時的場合可能也不合適（例如辦公室）。你要先為對方設想：「以他現在的狀態，如果你勸導他說出心事，他是否會感到舒適暢快，或僅是會感到尷尬與不安。」

我不是要你乾脆別開口詢問他，而是預留暢談的平台給他。當你展現出這種體恤的態度，你的層級立刻就大躍進，因為你比一般人想得還要周到。以下是我列出的三個陪伴能夠到位之要點：

1 觀察力與同理心並進

當你說出「如果你有需要」這句話，代表你已經得知對方可能有這個需求，這表示你具有一定程度的觀察力，能夠察覺他人或者週遭環境的變化；而「我願意聽你說」則是，你能夠理解「人人都想傾訴」的心理需求。所以這整句話聽起來給人的感受才會如此強烈。

做人圓滿的核心條件不過就這兩點，假如你只有觀察到他人的變化，卻不具同理的心，那麼就沒辦法讓他人感到窩心；但如果你只有同理心，卻缺乏觀察力，那麼就缺乏關懷的行動力，因為你很可能還需要旁人指點，才能夠得知究竟發生了什麼事。全書裡，我反覆地強調這兩點的原因就在於此。

2 對方真的「有狀況」嗎？

有時候，明明你擁有上述二項條件，但是當你主動關心對方的時候，他卻一臉茫然地看著你說：「沒有什麼事啊。」我想任何人可能都會稍感尷尬與一片好心被狗啃的感受。此時，請你不要惱羞成怒，要好好地說：「沒事就太好了，但如果以後有什麼需要我的地方，也隨時可以跟我說。」

再者，對方之所以有意隱瞞，可能是因為涉及隱私、面子，或者是以你的立場你不便了解的事情。此時，你就尊重對方吧，將它視為一種彼此都不說出口的「默契」，事後也不用再追問或提起。要不然，反而會破壞彼此原本的關係。

3 不用說，可以用寫的

像是在辦公室這種容易成為八卦溫床的地方，你公開詢問對方，對方可能也不方便回答時，你可以將這句話寫在小紙條上。當然，對方要不要理你是他的事，但最重要的是，對方不會落入要回你也不是，不回也不是的窘境。這麼做不僅心意傳到了，也不會造成雙方難堪。

你可以為人際關係創造「如果他人有需要就可以利用」的平台，這並不是表示你真希望他人出現什麼狀況，好讓自己如同英雄般地以解救之姿出現，而是提供後勤資源給對方使用。這種處理方式，其實就像對方感到悶熱時，適時出現的一陣微風，而這陣微風如此舒適輕柔，因而能讓對方感念良久。

「如果你需要，我願意聽你說。」

它留給對方一個印象——你如同永遠不會消失的安全港灣，隨時歡迎對方回家。很多時候，它勝過任何一句安慰的話。

Bingo 10

「謝謝你的□□□，幫了我大忙。」

對於來到你身邊的每件好事培養感恩的習慣，並持續地感謝。因為所有的事皆促成你的成長，你的感恩應包含所有的事。

——拉爾夫．愛默生

小華不幸住院，由於傷勢嚴重，必須有人隨時在旁照料，所以他親朋好友們都會輪流到醫院照顧他，而這種關愛令小華萬分感動。

出院之後，小華的生活也回歸正軌，無人再提起他曾經住院的這件事，然而小華還是不時地想起親朋好友帶給他的溫暖。因為很想要感謝對方，卻不知道該如何做起，小華有些苦惱。一日，小華經過花店，看見花店店員正在包一束花，並將之插上卡片。於是小華靈機一動，想為朋友和家人的生活製造浪漫的驚喜。

接下來的兩個星期裡，他的朋友和家

人都會在下班後收到一束大鮮花並附有一張卡片，卡片上寫著：謝謝你，你幫了我大忙。

當然，收到花束的人看到這句話時，不免都會感到疑惑，暗自想著：「我到底幫助過誰啊？」不過，小華觀察到，這些親朋好友的生活起了微妙的變化。因為卡片確實地指出他們曾幫助他人，只是他們不記得罷了，所以他們的笑容不僅增加了，對於旁人，甚至是陌生人都特別地溫暖。

故事裡的小華如果僅是以一般的方式回報親朋好友，我想對方很可能會拒絕吧，因為他們是出於善心，並不圖回報。但是小華聰明地運用人的好奇心，以這種小巧思，讓收到卡片的人不斷地猜測自己究竟曾經幫助過誰，因而記住這個感謝。更甚者，因為這個感謝，他們的心態漸漸有了轉變，他們的生活也變得更為溫暖。

你可以想想，撇開小華驚喜的做法之外，為什麼這麼簡單卻有別於一般的感謝詞，對人心的影響會這麼地大？

人們通常在聽到一般的感謝用語（例如謝謝）時，不會有太大的反應，因為接受他人的幫助，說句謝謝是基本的禮貌。大家也頂多就是回覆一句：「不用客氣。」此時你們雙方的關係還是維持在原來的狀態，並不會因這小小的心意流動而有多大的進展。然而，如果你能夠明確地說出對方到底幫了你什麼樣的忙，而你因此對他存有感激之情。這樣的真心，就會在對方的心裡留下較深的印象，對方也會知道你真的很在乎。

對他人表達感謝當然是越早越好，不過如果對方給予的幫助是一段時間後才見成效，或者必須經過一段時間才會完成，你想表達感激時，不妨這麼說吧——「謝謝你的□□□，幫了我大忙。」它不僅能夠具體地傳達你所感謝之事，也能夠提醒對方：「我們之間的關係已經達到能夠這麼幫忙的程度。」

你的感謝必須明確且適當，否則無法讓對方記憶深刻，感謝的效用也會跟著降低。我列舉三項要點，做進一步的說明：

1 就算是感謝，你也要講重點

為了想要讓對方能清楚地知道你到底是為什麼而感謝，就怕對方無法了解你的心意，於是你不只解釋過多，還把對方捧得天花亂墜。這種表達感謝的方式可就會讓對方感到頭大。

除了因為你的感謝過於誇張之外，你原本想傳達的感謝之情也會因此模糊，看不出你想感謝的重點在哪裡。因為對方不斷地想要抓住你表達的重點，導致他的注意力不在於你的心意，反在你的言詞上。這種感激就很難令對方銘記於心。所以你只要選擇簡單扼要的方式向對方說明就可以了。

2 感謝之後，再解釋

誠如第一點所言，過多的言詞會稀釋掉你的感激之意。可是如果你的情況有些複雜呢？比方說，你想要與對方分享的是，在他伸出援手後事情的經過，或者是在這件事之後你的人生方向有了轉變。

你可以在說出「謝謝你的□□，幫了我大忙」之後，再道出這些較費時的敘述。當你的言論層次分明，重點有序，對方才能夠輕易地明白你想表達的意思。而且這個感謝可以不僅是感謝，它可以是嶄新的交流開端。當你順著對方的回應做補述，或以此為開端去做延伸，你們彼此都會因為這個「忙」而凝聚更多的情感。

3 「小題」不必成為「大作」

事情的大小或許因人而異，因為有時候簡短的一句話也能夠在關鍵時刻產生極大的作用。但是，你還是必須謹慎衡量，你口中所謂的「大忙」，真的是出於客觀上（對一般人而言，這事確實是有難度）與真意上（對你而言，這的確有不可小覷的影響力）的大忙嗎？否則，你的小題大作反而會令對方覺得你為人過於虛假、大驚小怪。

篇頭的故事中，小華的親朋好友因為一張沒有署名的感謝卡，而起了微妙的變化。由這個故事裡，你也可以得知因具體的感謝所引發的連鎖效應有多麼大，所以你也可以運用「謝謝你的□□□，幫了我大忙」這句話在對方內心裡激起漣漪。

當你的感謝在對方的心裡扎根，你也就在對方心中扎了根。

增智慧・旺人脈・新識力

開啟您嶄新成功的人生

王道增智會源起～

「王道增智會」是什麼？

——源起於「**聽見王擎天博士說道，就能增進智慧！**」。

亞洲八大名師首席王擎天博士，為了提供最高 CP 值的優質課程，特地建構「王道增智會」，冀望讓熱愛學習的人，能用實惠的價格與單純的管道，一次學習到多元化課程，不論是致富、創業、募資、成功、心靈雞湯、易經玄學等等，不只教您理論，更帶您逐步執行，朝向財務自由的成功人生邁進。

「王道增智會」在王擎天博士領導下，下轄「台灣實友圈」、「王道培訓講師聯盟」、「王道培訓平台」、「擎天商學院」、「自助互助直效行銷網」、「創業募資教練團」、「創業創富個別指導會」、「王道微旅行」「商機決策委員會」和每季舉辦的「商務引薦大會」等十大菁英組織，**加入王道增智會，將自動加入此十個菁英組織同時擁有此十項會籍。只要成為王道增智會的終身會員，王擎天博士就是您一輩子的導師，還能盡情享用王博士的所有資源。會員們互為貴人，串聯貴人，帶給你價值千萬的黃金人脈圈，共享跨界智慧！**

優良平台．群英集會，傾盡資源，
只為了您的成功！

王道增智會十大菁英組織圖

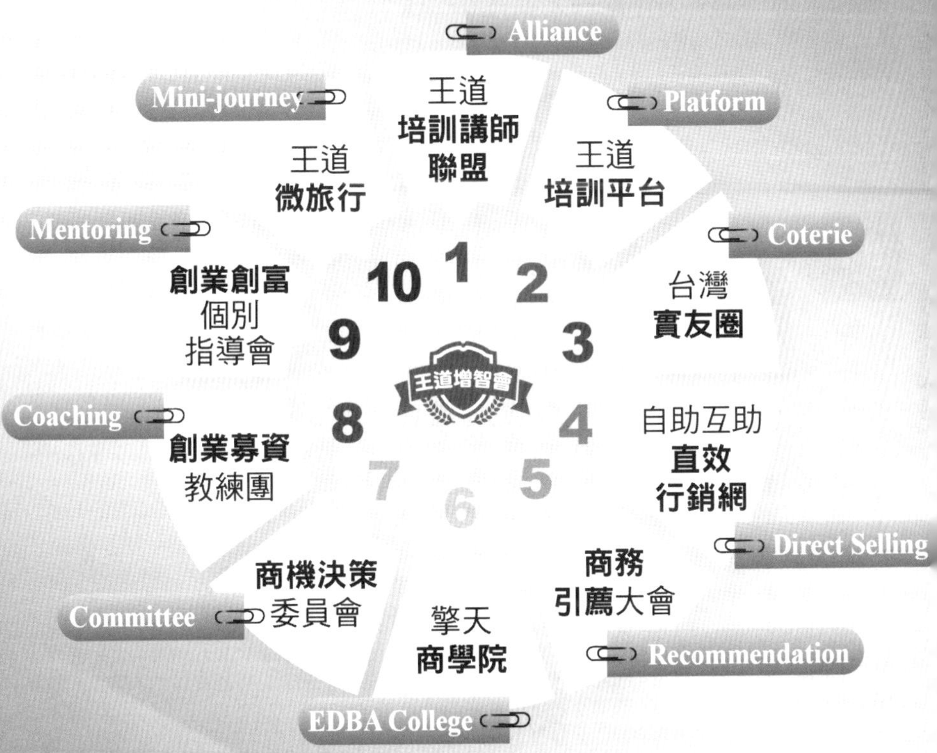

圓滿事業、價值、夢想

Create a Better Life !

王道增智會十大組織 簡介

王道培訓講師聯盟

01 Alliance

由各界優秀並有潛力講師群組成，凡已經是或想要成為國際級講師的朋友們均極為適合加入。王道會員經 TTT 系統培訓後均可成為認證講師。

台灣與北京世界華人講師聯盟分別於海峽兩岸進行師資培訓，並定期舉行交流活動，讓兩岸潛力講師能互相學習、共同成長。王道增智會同時負責為旗下講師開課，已開出逾 300 場次課程，場場爆滿！

王道培訓平台

02 Platform

開辦各類公開招生的教育與培訓課程，提升學員的競爭力與各項核心能力，官網設於新絲路網路書店 www.silkbook.com。

凡是「王道培訓講師聯盟」會員講師，皆可優先安排開課，並協助其課程招生。

王道會員參加王博士主講課程，終身均完全免費！

台灣實友圈

03 Coterie

由企業主及兩岸各省市領導圈與白領菁英們組成，喜歡結交各界菁英、拓展人脈與想到大陸發展的朋友們一定要參加。

目前已有逾 40 個各城市實友圈組織，含大陸四個省市委書記均為會員，可大幅增強您的人際領域與工作半徑！

今年春節於杜拜，明年於馬爾地夫，舉行聯誼旅遊，想做大生意者機會難得！

自助互助直效行銷網

04 Direct Selling

為一「本身沒有產品」的直銷組織，大家互助為會員們行銷其產品或服務。可提供會員們業務引薦與異業合作的優良媒合環境。人脈就是錢脈！

結合 Q1、Q2、Q3、Q4 之商務引薦大會，每年現場成交金額均以億計！

結合各城市實友圈，王道會員們可輕易將產品與服務開展至大陸與港、澳。

商務引薦大會

05 Recommendation

以晚間（下班後）BNI 的形式，提供王道增智會會員們極佳的自助互助機會，由會長王擎天博士主持，每人均可介紹自己與自己的產品與服務給他人認識。希望大家互相幫助，天助互助自助者。

本會最大的特色是鼓勵並協助會員們當場成交！並與企業參訪結合，B2C 與 B2B 並進，引薦業績非常驚人，僅 2015 年台灣與大陸共八場大會，便成交了二億五千萬！

擎天商學院

06 EDBA College

「擎天商學院」有自己的大樓，更有自己的大師！由世界華人八大明師王擎天博士親自領軍，總共開設有完整的 20 堂 M^3 淘金課程，總價值高達 40 萬！您可在「擎天商學院」的 20 堂 M^3 課程中完整學習，這套系統，將幫助您以及您的企業，真正做大、做強、做久，不只茁壯，更要綿延！「擎天商學院」的 20 堂 M^3 課程，便是 Money Making Machine 的完整版課程！真正培育你成為超強自動賺錢機器！王道會員來上課完全免費！終身複訓！

商機決策委員會

07 Committee

由培訓界、行銷界、工商界、金融界、網路界等各界大咖、菁英專家組成，共有七大老組成本委員會。

替您評估您提案的商機是否有推動的價值？若答案為「是」，則商機決策委員會將傾盡旗下與協力夥伴的資源與您合作，共同促成真正有效的商業模式！而這樣舉眾人之力而行的借力合作模式，將會產生出您無法想像的大筆入帳！ 2015 年共推動了內壢土地等 12 案。

創業募資教練團

08 Coaching

幫助想創業的會員朋友圓夢，教練團以專業的知識與豐富的經驗提供給會員朋友最大的協助，客制化服務可以精準到一對一或多對一。終身會員無指導時數上限，保證輔導至創業成功為止。

教練團最大的強項為「眾籌募資」與「商業模式」的設計，王博士本身即成功創設了 19 家公司，其眾籌專業及各項資源均毫無保留地提供會員們使用。

創業創富個別指導會

09 Mentoring

由王擎天會長率領本集團諮詢小組親授創業創富祕訣，有別於一般課程一對多的上課方式使講師難以顧及每一位學員，且講述內容舉例多以大公司與世界品牌為主，王博士用一對一的形式、將理論與實務結合，並以最本土且務實的經驗，提供想創業、創富的成員們一條通往成功最快的捷徑。本會採「蘇格拉底」問答方式，一對一個別輔導，集體思考並討論，效果奇佳！信度與效度均最高！

王道微旅行

10 Mini-journey

學富五車的王擎天博士，還有一個除了企業家與暢銷書作家之外不為人知的祕密身分！其實，他是個道地的資深玩家！在事業與閱讀之外，他最大的興趣便是走訪山林美景，多年下來，在王博士內心深處收藏了許多獨家秘境與私房景點，保證是您在旅遊相關的書報雜誌中從未聽聞的喲！而且，多半是屬於不必花錢的美景！

一次收費，同享十大會籍，價值超過千萬!!

只要成為王道增智會的終身會員，王擎天博士就會成為您一輩子的導師，不僅毫無保留的傳授出他成功的祕訣，他所有的資源您也可以盡情享用！

會員總人數以 500 人為上限，為維護服務品質，額滿即不再收！但會員會籍可轉讓。

加入「王道增智會」為會員，等於同時一次就加入了「王道培訓講師聯盟」、「擎天商學院」、「王道培訓平台」、「台灣實友圈」與「自助互助直效行銷網」等十個優質組織。擁有「商務引薦大會」每季可以不斷地把陌生人變成貴人的機會。專屬「創業募資教練團」給您最完備的創業輔導服務！

王道會員的第一項福利其實就是王博士將其往後終身所有的課程一次性地以

「終身年費、終身上課完全免費」的方式送給您了！

您還在等什麼呢？

王道會員的權利與福利

1 ▶ 凡加入王道增智會，就等於同時加入本會旗下十大子組織，同時享有多重資源與好處！

2 ▶ 凡會員參加王博士主持或主講之課程皆完全免費！

3 ▶ 凡會員皆享有本會推出各類課程或服務之優惠，並獨享「王道微旅行」之旅遊祕境。

4 ▶ 非王擎天老師主講之課程只要原價 1 折起的費用即可參加。

5 ▶ 終身會員即為王博士入室弟子，享有個別指導與客製化服務。

6 ▶ 王道增智會會員可優先將其產品或服務上架新絲路網路書店 www.silkbook.com 與華文網 www.book4u.com.tw 販售。

7 ▶ 加入王道增智會即可接受本會「創業募資教練團隊」之個別指導。終身會員無指導時數上限，保證輔導你至創業成功為止。

8 ▶ 入會會員若有優質課程要推廣或欲出版其著作，王道增智會可協助招生與出書出版發行等業務。新絲路網路書店之培訓課程官網會有課程廣告露出及強烈推薦書之各項給力的行銷推廣活動。

9 ▶ 加入王道增智會即自然成為台灣實友圈成員，可快速認識兩岸知名人士，並與大陸各省市實友圈接軌。迅速擴大工作半徑與人脈圈。

10 ▶ 王道增智會不定期聚會活動或充電之旅，會員可提出優質產品或服務，以便讓會員們了解並推廣之。「眾籌」等服務更是本會強項。

11 ▶ 凡王道增智會之會員可免費閱讀優質講師之精選文章及影片，並有機會以極優惠的方式參加采舍國際集團、世界華人講師聯盟名師群與每年世界八大明師大會舉辦的各項活動。

12 ▶ 凡會員將不定時收到王道增智會與王博士主撰之加值電子報，掌握各種資訊，增加知識。

13 ▶ 會員之產品、服務或內容可預先告知本會，將安排專題介紹或微型演講會或企業參訪。

14 ▶ 凡會員想成為講師者，王道增智會皆可安排講師形象打造與宣傳，並協助在兩岸開課。

15 ▶ 若有事業想發展卻缺乏資金、人脈，通過王道增智會旗下之「商機決策委員會」七大委員評估通過者，將獲得莫大資金挹注與各方絕大助力。

加入王道增智會後，請一併加入成為新絲路網路書店會員，即可享有各種優惠。

【入 會 費】新台幣 10,000 元
【年　　費】新台幣 9,000 元（效期起算日為第一次參加增智會之活動當日起一年）
【終身年費】新台幣 90,000 元

新絲路網路書店 **www.silkbook.com** 專屬優惠

終身會員定價：**NT$100,000** 元（入會費 **$10,000** 元 + 終身年費 **$90,000** 元）

網路書店會員終身專屬優惠價：**NT$79,000** 元

報名專線：02-8245-8786 分機 101
mail：zheweihsu@book4u.com.tw　service@book4u.com.tw

王道增智會官網

國家圖書館出版品預行編目資料

把話說進你心裡 / 王擎天 著. -- 初版. -- 新北市 : 啟思出版, 采舍國際有限公司, 2015.10

面； 公分

ISBN 978-986-271-639-7（平裝）

1.說話藝術 2.人際關係

192.32 104018222

啟思
Cheese Group

把話說進你心裡

本書採減碳印製流程
並使用優質中性紙
（Acid & Alkali Free）
最符環保需求。

出 版 者 ◤ 啟思出版
作　　者 ◤ 王擎天
品質總監 ◤ 王寶玲
總 編 輯 ◤ 歐綾纖
文字編輯 ◤ 孫琬鈞
特約編輯 ◤ 方美琇
美術設計 ◤ 吳佩真
內文排版 ◤ 新鑫電腦排版工作室

郵撥帳號 ◤50017206 采舍國際有限公司（郵撥購買，請另付一成郵資）
台灣出版中心 ◤ 新北市中和區中山路 2 段 366 巷 10 號 10 樓
電　　話 ◤ (02) 2248-7896　　　　傳　　真 ◤ (02) 2248-7758
I S B N ◤978-986-271-639-7
出版日期 ◤ 2015 年 10 月

全球華文市場總代理 ◤ 采舍國際
地　　址 ◤ 新北市中和區中山路 2 段 366 巷 10號 3 樓
電　　話 ◤ (02) 8245-8786　　　　傳　　真 ◤ (02) 8245-8718

全系列書系特約展示
新絲路網路書店
地　　址 ◤ 新北市中和區中山路2段366巷10號10樓
電　　話 ◤ (02) 8245-9896
網　　址 ◤www.silkbook.com

線上 pbook&ebook 總代理 ◤ 全球華文聯合出版平台
地　　址 ◤ 新北市中和區中山路 2 段 366 巷 10 號 10 樓
主題討論區 ◤www.silkbook.com/bookclub　● 新絲路讀書會
紙本書平台 ◤www.book4u.com.tw　● 華文網網路書店
電子書下載 ◤www.book4u.com.tw　● 電子書中心 (Acrobat Reader)